U0620269

权威·前沿·原创

皮书系列为
"十二五""十三五"国家重点图书出版规划项目

测绘地理信息蓝皮书

BLUE BOOK OF
CHINA'S SURVEYING & MAPPING &
GEOINFORMATION

面向新时代的地理国情监测
研究报告（2018）

REPORT ON NATIONAL GEOGRAPHIC CONDITION
MONITORING IN THE NEW ERA (2018)

主　　编／库热西·买合苏提
副 主 编／王春峰　陈常松
执行主编／徐永清

社会科学文献出版社
SOCIAL SCIENCES ACADEMIC PRESS（CHINA）

图书在版编目（CIP）数据

面向新时代的地理国情监测研究报告. 2018 / 库热
西·买合苏提主编. -- 北京：社会科学文献出版社，
2018.12
　（测绘地理信息蓝皮书）
　ISBN 978 - 7 - 5201 - 4084 - 3

　Ⅰ. ①面…　Ⅱ. ①库…　Ⅲ. ①地理 - 监测 - 研究报告
- 中国 - 2018　Ⅳ. ①K92

中国版本图书馆 CIP 数据核字（2018）第 296468 号

测绘地理信息蓝皮书
面向新时代的地理国情监测研究报告（2018）

主　　编 / 库热西·买合苏提
副 主 编 / 王春峰　陈常松
执行主编 / 徐永清

出 版 人 / 谢寿光
项目统筹 / 王　绯　曹长香
责任编辑 / 曹长香

出　　版 / 社会科学文献出版社·社会政法分社（010）59367156
　　　　　地址：北京市北三环中路甲 29 号院华龙大厦　邮编：100029
　　　　　网址：www. ssap. com. cn
发　　行 / 市场营销中心（010）59367081　59367083
印　　装 / 三河市东方印刷有限公司

规　　格 / 开本：787mm × 1092mm　1/16
　　　　　印 张：16　字 数：234 千字
版　　次 / 2018 年 12 月第 1 版　2018 年 12 月第 1 次印刷
书　　号 / ISBN 978 - 7 - 5201 - 4084 - 3
定　　价 / 89.00 元

皮书序列号 / PSN B - 2009 - 145 - 1/1

编委会名单

主要编撰者简介

库热西·买合苏提　自然资源部副部长、党组成员、国家自然资源副总督察。

王春峰　自然资源部党组成员，博士。

陈常松　自然资源部测绘发展研究中心主任，博士，副研究员。多年负责测绘地理信息发展规划管理及重大项目工作。曾主持测绘地理信息事业发展"十一五""十二五"规划编制工作，主持多项测绘地理信息软科学研究项目，现任中国测绘学会发展战略委员会主任委员。编著多部图书，与本皮书相关的主要研究成果包括：主持"地理国情监测常态化业务应用机制研究"课题，研究成果荣获 2018 年中国测绘科技进步奖二等奖；参与主编《地理国情监测常态化业务应用探索》，2017 年 12 月由测绘出版社出版。

徐永清　自然资源部测绘发展研究中心，高级记者。曾主持多项测绘地理信息软科学研究项目，编著多部图书，现任中国测绘学会边海地图研究委员会副主任委员。

摘　要

开展地理国情监测是《测绘法》赋予测绘地理信息主管部门的一项重要职责。为全面反映地理国情监测发展现状，分析其未来发展趋势，自然资源部测绘发展研究中心组织编写出版第十部"测绘地理信息蓝皮书"《面向新时代的地理国情监测研究报告（2018）》。该蓝皮书邀请测绘地理信息行业的有关领导、专家和企业家撰文，分析地理国情监测发展现状，探讨地理国情监测未来发展方向。

本书包括主报告和 4 个篇章的专题报告。

主报告回顾了地理国情监测的发展历史，分析了地理国情监测工作的性质，简要介绍了自然资源调查监测的主要内容，明确了新时代地理国情监测的定位，最后提出了推进地理国情监测工作的有关政策建议。

专题报告由体制机制篇、地方篇、应用篇和科技篇组成，从不同领域和角度分析了如何推进地理国情监测工作改革创新发展，更好地服务经济社会发展和生态文明建设。

关键词：地理国情　监测　自然资源　生态文明

Abstract

National geographic condition monitoring is an import task that is endowed to the department of surveying & mapping and geoinformation (abbreviated as SM&G) by the *Law of Surveying & Mapping of China*. In order to comprehensively introduce the present condition and the future trend of national geographic condition monitoring, the Development Research Centre of Surveying and Mapping of the Ministry of Natural Resources of the P. R. China edited the blue book "Report on national geographic condition monitoring in the New Era (2018)", which is the tenth of the *Blue Book of China's* SM&G. The officials, experts and entrepreneurs were invited to write articles about current status of national geographic condition monitoring, as well as future trend of national geographic condition monitoring.

The book includes keynote article and special reports.

The keynote article reviewed the history of national geographic condition monitoring. It analyzed the characters of national geographic condition monitoring. The main contents of natural resources surveying and monitoring were introduced. The location of national geographic condition monitoring in the New Era was identified. Some advices on how to improve national geographic condition monitoring were put forward.

Special reports consist of systems and mechanisms section, practice of several provinces section, applications section and sciences & technologies section. These reports discussed how to improve national geographic condition monitoring from different aspects.

Keywords: National Geographic Condition; Monitoring; Natural Resources; Ecological Civilization.

前　言
明确定位　继往开来
推动地理国情监测融入自然资源工作大局

库热西·买合苏提*

从 2010 年起，原国家测绘地理信息局为拓展测绘地理信息业务服务范围，更好地履行服务经济社会发展职责，提出并大力推动地理国情监测业务发展，取得重要进展。机构改革后，测绘地理信息工作成为自然资源管理工作的业务板块之一。地理国情监测也需要重新定位并在此基础上进一步优化业务发展方向。尤其要准确回答这一问题：在按照自然资源部三定方案要求，促其有机融入自然资源管理和调查监测工作的同时，继续履行《测绘法》规定的职责，为经济社会发展各领域做好服务。

一　地理国情监测是法定的测绘工作

从 2013 年开始，根据国务院部署，原国家测绘地理信息局利用 3 年时间、动用 5 万多名技术人员，组织完成了第一次全国地理国情普查。这是我国第一次全面采用现代信息技术、从一种全新的角度——也就是从地理空间分布的角度，开展的国情综合研究和调查工作，对于丰富国情认知、更加全面准确地把握国情无疑是一个有益的探索。在普查工作结束后，各地重点围绕区域自然资源和生态环境变化等主题，持续对国土空间

　＊　库热西·买合苏提，自然资源部副部长、党组成员、国家自然资源副总督察。

演变开展综合性动态监测和评估，不断探索地理国情监测在资源环境工作中的应用，在自然资源开发利用、生态环境保护、"多规合一"等诸多方面取得初步成效。经过几年努力，地理国情监测相关技术支撑体系初步建立，生产服务工艺流程基本形成，标准规范等基础性工作取得进展，以基础性地理国情监测和专题性地理国情监测为主要模式的地理国情监测业务趋于成熟。

与此同时，制度建设取得成效，地理国情监测作为测绘地理信息整体工作的有机组成被列入相关政策文件和法律法规。2017 年修订的《测绘法》要求，"县级以上人民政府测绘地理信息主管部门应当会同本级人民政府其他有关部门依法开展地理国情监测，并按照国家有关规定严格管理、规范使用地理国情监测成果。各级人民政府应当采取有效措施，发挥地理国情监测成果在政府决策、经济社会发展和社会公众服务中的作用"。《国民经济和社会发展第十三个五年规划纲要》也要求"开展地理国情常态化监测"。经国务院批准同意的《全国基础测绘中长期规划纲要（2015～2030 年）》也对"完善地理国情监测标准体系，优化部门协作机制，形成成熟的监测业务工作体系"提出要求。各地根据法律法规有关规定和国务院相关部署，纷纷出台支持政策。海南省、陕西省通过修订本省《基础测绘管理办法》，将地理国情监测纳入政府法定职责。江苏省制定《江苏省测绘地理信息条例》，不但明确了测绘地理信息主管部门依法组织开展地理国情监测的职责，还在此基础上进一步明确了开展地理国情专题监测的业务要求。投入机制加快建立，中央财政从 2015 年开始设立地理国情监测测绘地理信息部门预算一级预算项目，一些省份开始将地理国情监测投入纳入本地区年度预算进行安排。2015 年，国家发展改革委、原国家测绘地理信息局联合印发《测绘地理信息事业第十三个五年规划》，明确了测绘地理信息五大公益性业务建设的布局设想。地理国情监测作为其中之一，成为现代测绘地理信息整体事业中的重要组成部分，承担着为经济建设、国防建设、社会发展和生态保护提供公益性服务的法定职责。

二 地理国情监测是自然资源调查监测的重要内容

2018 年 8 月，党中央、国务院明确了自然资源部职能配置等事项。开展自然资源调查监测评价，实施自然资源基础调查、专项调查和监测成为其重要职责。根据有关规划，自然资源部要构建"统一组织开展、统一法规依据、统一调查体系、统一分类标准、统一技术规范、统一数据平台"的"六统一"自然资源调查监测体系。地理国情监测作为对"地表自然和人文地理要素的空间分布、特征及其相互关系"① 等基本国情进行常规监测的重要工作，天然成为对自然资源开发利用活动及其动态变化状况进行综合监测的基础性技术手段，并进而成为自然资源管理技术支撑体系的重要组成之一。按照"六统一"的要求，加快完善地理国情监测业务，不但是完善自然资源调查监测体系的需要，也是保证地理国情监测这一业务持续、健康发展的关键。

完善地理国情监测业务，必须进一步强化其自然资源调查监测属性。根据自然资源调查监测的需要，深入分析地理国情监测对象"地表自然和人文要素"的内涵与外延，明确其与自然资源监测对象的异同，以此为基础加强对监测对象的统筹，并将地理国情监测纳入自然资源调查监测体系之中。对自然资源要素进行分类是定义自然资源调查监测对象，形成权威统一调查监测数据的基础性工作。抓紧研究形成统一分类体系，以此对现有地理国情监测分类体系进行合理调整，促使地理国情监测业务尽快融入自然资源调查监测工作范畴。深入分析现有 30 个自然资源相关调查监测标准化工作委员会、5 个标准体系和 30 部具体技术标准，按照"六统一"要求，适度整合标准化工作委员会，制定统一技术标准体系，并加快具体标准的制（修）订工作。尤其重要的是，应当明确地理国情监测在自然资源调查监测中的角色和定位，充分发挥地理国情监测长于对"空间分布、特征及其相

---

① 见《国务院关于开展第一次全国地理国情普查的通知》（国发〔2013〕9 号）。

关关系"等方面开展监测的特点，形成与其他自然资源监测手段相互补充、协调配合的综合性自然资源调查监测体系。

完善地理国情监测业务，必须始终将地理国情监测作为"基本国情"研究手段加以推进。国务院9号文件将"地理国情"归类为"基本国情"。根据《现代汉语词典》①，"国情"指"一个国家的社会性质和政治、经济、文化等方面的基本情况和特点，也特指一个国家某一个时期的基本情况"。据此，"基本国情"就是指一个国家最根本的、最普遍的情况。2018年5月3日，《人民日报》文章《全面认识和把握我国基本国情》指出，"科学认识我国发展新的历史方位，坚持从基本国情出发，是党和国家制定正确路线方针政策的基础，是坚持和发展中国特色社会主义的关键"。将地理国情作为"基本国情"，也就意味着地理国情监测成为基本国情的研究手段，体现了进一步发挥现代信息技术在国情研究中的作用，并大力推动国情研究现代化的期盼。具体实践中，就是要更加注重从国土空间合理利用、更加注重空间合理布局的角度开展国情研究，注重对高山大川、地形地貌、国土面积等重要地理信息的权威获取和发布。

三　促进地理国情监测业务发展的下一步工作

根据自然资源调查监测总体要求，今后一段时间，地理国情监测工作的重点宜从三方面进行谋划。一是加快探索利用现代信息技术从国土空间、空间布局这一新的角度来开展国情研究，加紧形成完善的技术方法、服务方式和服务内容，进一步丰富我国国情研究的内容和手段。二是按照构建自然资源调查监测体系"六统一"的要求，将地理国情监测纳入自然调查监测全局工作中进行规划，梳理修订现有的地理国情监测相关法规，加快原有地理国情监测分类标准和技术规范与自然资源调查监测标准规范的统一步伐，形

---

① 见中国社会科学院语言研究所词典编辑室编《现代汉语词典》（第五版），商务印书馆，2006。

成统一的自然资源调查监测数据平台。三是按照《测绘法》的要求，继续完善相关管理措施。尤其要按照《测绘法》的要求，指导各省（自治区、直辖市）将地理国情监测纳入财政投入机制，健全财政投入渠道。

新时代，自然资源管理为地理国情监测应用提供了新舞台。我们编辑出版"测绘地理信息蓝皮书"之《面向新时代的地理国情监测研究报告（2018）》，期望吸收借鉴业内有关专家的智慧，创新地理国情监测发展模式，使地理国情监测在经济社会发展和自然资源管理中发挥更加重要的作用。

2018 年 11 月

目　录

Ⅰ　主报告

Ⅱ　体制机制篇

Ⅲ　地方篇

Ⅳ　应用篇

Ⅴ　科技篇

皮书数据库阅读**使用指南**

CONTENTS

Ⅰ Overview

Ⅱ Systems and Mechanisms

Ⅲ   Practice of Several Provinces

Ⅳ   Applications

V　Sciences and Technologies

主 报 告

Overview

B.1

面向新时代的地理国情监测

徐永清 贾宗仁 乔朝飞 张月 王硕 周夏*

摘 要： 本文系统回顾了第一次全国地理国情普查和常态化地理国情监测发展的历程，总结分析了地理国情监测工作取得的经验、存在问题以及工作性质。梳理了我国自然资源综合调查的发展历程，研究了自然资源调查监测的主要内容及存在问题，介绍了自然资源调查监测的工作思路。围绕新时代地理国情监测的工作定位，从理论指导、主动融入及工作保障三个方面，提出了推进新时代地理国情监测工作的有关建议。

关键词： 地理国情监测 自然资源调查监测 生态文明建设 机构改革

---

* 徐永清，自然资源部测绘发展研究中心原副主任，高级记者；乔朝飞，自然资源部测绘发展研究中心，研究员；贾宗仁、张月、王硕，自然资源部测绘发展研究中心，助理研究员；周夏，自然资源部测绘发展研究中心，研究实习员。

地理国情监测是十八大以来党中央、国务院赋予测绘地理信息部门的重要职责。过去五年测绘地理信息部门圆满完成第一次全国地理国情普查工作，全面开展常态化地理国情监测，普查成果和100多项地理国情监测成果在"多规合一"、精准扶贫、领导干部自然资源资产离任审计、不动产登记、农村土地确权、国土空间用途管制、打击违法用地等工作中发挥了重要作用，开启了服务生态文明建设的生动实践。

2017年10月，十九大报告提出了我国发展新的历史方位——中国特色社会主义进入了新时代。2018年3月，中共中央印发《深化党和国家机构改革的方案》，明确要求"组建自然资源部"，"不再保留国家测绘地理信息局"。站在新时代、新的历史起点，测绘地理信息事业将发生一系列重大变化，地理国情监测作为原测绘地理信息部门"五大业务"（《测绘地理信息事业"十三五"规划》确立的由新型基础测绘、地理国情监测、应急测绘、航空航天遥感测绘、全球地理信息资源开发等组成的公益性保障服务体系）之一，也将融入自然资源管理工作大局。在此背景下，要更好地服务经济社会发展和生态文明建设、更快地适应自然资源管理工作的要求，需全面总结回顾地理国情普查和监测取得的成绩，明确地理国情监测的工作性质，对自然资源调查监测形成系统认识，明确地理国情监测在新时代的工作定位，加快推进地理国情监测技术、组织等转型，融入自然资源调查监测实践。

一　地理国情监测发展现状

（一）历史回顾

1. 第一次全国地理国情普查圆满完成

2013年2月，国务院印发《关于开展第一次全国地理国情普查的通知》（国发〔2013〕9号），决定于2013~2015年开展第一次全国地理国情普查工作，为开展常态化地理国情监测奠定基础。2013年8月，第一次全国地理国情普查工作正式启动，5万余名普查人员历时三年圆满完成地理国情普查工作任务，获取了由 10 个一级类、58 个二级类、135 个三级类、2.6 亿个图斑构成的海量地理国情信息，全面查清我国陆地国土范围内自然和人文地理要素的现状、相互关系及空间分布情况，同时对统计数据进行汇编，完成了普查数据库及管理系统的建设工作，编制了普查公报[①]。2017 年 4 月，国务院召开新闻发布会，正式对全社会公布第一次全国地理国情普查公报。

2. 常态化地理国情监测工作有序开展

（1）业务建设成果丰硕

2011 年，原国家测绘地理信息局将陕西确立为首个地理国情监测试点，随后在天津、黑龙江、四川、浙江、海南等 10 个省、自治区、直辖市陆续开展了地理国情监测试点工作。地理国情监测试点工作形成了丰富的数据成果和工作经验，为地理国情普查与常态化地理国情监测的衔接工作打下了坚实的基础。目前，常态化地理国情监测工作包括基础性地理国情监测和专题性地理国情监测两部分。基础性地理国情监测是指以第一次全国地理国情普查成果作为本底数据，对自然和人文地理要素的动态变化进行周期性、规律性监测，每一年度更新监测成果；专题性地理国情监测则充分利用前期现有的监测成果，结合不同需求，因地制宜地开展监测工作。截至目前，主要围绕国土空间开发、生态环境保护、城镇化发展、自然资源管理等，已开展了100 余项重要地理国情监测示范项目，并取得了一系列重要监测成果。各省开展的专题性地理国情监测情况见表 1。

表 1　各省专题性地理国情监测项目开展情况[*]

省份	内容	省份	内容
北京	地面沉降监测、京津冀地区重点大气颗粒物污染源空间分布监测、城市扩展监测	天津	自然生态空间变化监测、高等级公路和铁路交通网络变化监测、地表沉降监测、城市空间扩展监测、重点大气污染源遥感监测、城市群形态与结构变化分析

①　刘诗瑶：《首次全国地理国情普查完成》，《人民日报》（海外版）2016 年 12 月 28 日，第 2 版。

续表

省份	内容	省份	内容
上海	土地资源利用监测、绿地变化及绿化覆盖监测、城市地表资源形态监测、热点区域环境、重要水源地监测、影响源监测	辽宁	沿海滩涂变化监测、林业资源监测和矿山环境监测、海岸带开发利用变化监测、城市空间格局变化监测、自然资源离任审计监测试点、全省主体功能区监测
河北	京津冀协同发展监测、石家庄空间格局变化监测、首都经济圈监测、曹妃甸工业园区变化监测、自然生态变化监测、迁安市城市空间格局变化监测、国土空间格局变化监测、国家重大工程（冬奥会、长城保护等）自然生态审计监测等	陕西	丝绸之路经济带重要地理国情监测、黄土高原—川滇生态屏障区自然生态状况变化监测、省地级以上城市空间格局变化监测、城镇化发展格局监测、全省主体功能区建设专题监测、陕西省雾霾监测、地面沉降监测、地理国情监测服务领导干部自然资源资产离任审计应用示范、尾矿库监测等、水域生态承载力监测、省内重要水体地形信息普查与监测、西咸新区发展变化监测
黑龙江	县级及以上重点城市发展监测、矿产资源型城市沉降监测、界河水土流失保护和湿地监测、"中蒙俄经济走廊"地理信息资源监测、示范退耕还林还湿管理监测、三江平原农业主产区监测、自然资源资产监管	浙江	城市建成区及其绿化覆盖率监测、大陆海岸线监测、森林覆盖和平原绿化监测、国家及省级公益林监测、水土流失监测、湿地/沿海滩涂资源监测、海岛礁监测、自然生态审计监测，以及全省主体功能区、四大都市区、15个省级产业集聚区、舟山群岛国家级新区规划实施情况动态监测
安徽	巢湖流域生态地理国情监测、皖江城市群监测	福建	主体功能区监测、43个小城镇建设格局监测、海岸线变迁监测、城市建成区变化动态监测、水土流失保持治理动态监测等
江西	鄱阳湖生态环境监测、主要城市地表沉降监测、各县市主城区面积变化监测、旱情动态监测、江河水系监测	湖北	湖泊监测、城市变迁监测、主体功能区规划实施监测、东湖高新技术开发区建成区范围监测
河南	地级以上城市空间格局变化监测、中原经济区监测、产业集聚区双服区和特色商业区空间分布与发展潜力监测、精准扶贫脱贫/主体功能区规划与实施监测、城镇化发展监测、领导干部自然资源资产离任审计	山东	青岛西海岸新区建设变化监测、地级以上城市及典型城市群空间格局变化监测、自然资源资产离任审计、黄河三角洲高效生态经济区监测、重要城市地面沉降监测，以及主体功能区规划实施、生态保护红线区域规划实施、现代农业发展等

续表

省份	内容	省份	内容
云南	主体功能区监测、滇中新区发展监测、地质灾害隐患点监测、九大高原湖泊生态环境监测、冰川资源监测、特色农业产区监测、重点地区违法用地监测、云南省周边地理情势监测	江苏	全省重点区域的地面沉降(长江三角洲地面沉降监测)、太湖蓝藻水华遥感监测、城镇发展空间格局(长三角城市群监测、长江经济带国家投资基础设施建设监测江苏监测任务区和江苏省陆路交通地理国情监测)、沿海滩涂开发利用、海岸带地形和沿海防护林监测
广西	海岸带开发利用变化监测、重点生态功能区自然生态环境综合监测、地级以上城市及典型城市群监测、低丘缓坡土地资源调查、非煤矿山尾矿库监测	四川	四川主体功能区实施监测、天府新区城市发展监测、森林及生物多样性监测、灾区省情监测
重庆	城市扩展监测、两江新区规划实施监测	海南	沿海地表覆盖变化监测、海岸带动态监测、主体功能区实施监测、海南岛沿海地表覆盖变化监测
甘肃	城镇化发展监测、国土空间开发监测、生态环境保护与审计/湿地资源动态监测、资源节约利用监测、兰州市城市历史变迁与扩展动态监测	青海	青海湖流域湖泊面积和草地变化监测、青海三江源国家生态保护综合试验区生态环境监测、重点开发区监测、三江源区生态环境遥感动态监测
宁夏	重点区域(宁夏沿黄经济区、银川滨河新区、贺兰山东麓葡萄文化长廊、宁东能源化工基地等)动态监测、主体功能区监测、水域湿地监测、城市扩展动态变化监测、沙漠化盐渍化监测、生态移民监测、环境综合治理监测	吉林	主体功能区变化监测、大中城市(开发区)地表覆盖监测、城市空间格局变化监测、长白山自然保护区生态监测、重要湿地安全遥感监测
广东	珠江口湾区地理空间格局演变监测、开发园区土地利用变化监测、全省碳汇能力评估监测、珠江三角洲及周边地区地面沉降监测、城镇化格局发展监测	湖南	主体功能区规划实施动态监测、长江经济带和长三角城市群监测、洞庭湖生态经济区监测、湘江新区监测、湘西南石漠化与水土流失监测、生态红线监测、重点自然保护区生态环境监测、4A级以上旅游景区与地质公园生态环境监测、湘江流域生态与地理环境监测、重大水源地、重要公益林和矿山复绿监测等
山西	主体功能区专题监测、11个地级市城镇化进程监测、省内六大盆地地面沉降变形的普查与监测、省内采煤区和采矿区生态环境地理国情监测	新疆	主体功能区规划实施动态监测、丝绸之路经济带重要地理要素监测、城市空间格局扩展监测、南疆农业种植区监测、沙漠/坎儿井/冰川等生态状况监测、塔里木河流域和水土流失变化监测、新疆绿洲区域地理区情监测、地质灾害和地址变化监测等

续表

省份	内容	省份	内容
内蒙古	自然生态系统保护和建设监测、主体功能区建设监测、环境保护和资源综合利用监测、丝绸之路经济带监测	贵州	贵安新区监测
西藏	青藏高原生态环境监测、青藏高原生态屏障区自然生态状况变化监测、城市空间格局变化监测		

＊根据国家测绘地理信息局测绘发展研究中心《常态化地理国情监测业务体系建设研究报告》及各省份测绘地理信息局官方发布信息整理。

（2）制度建设取得成效

①"进法律"。国家和地方积极探索将地理国情监测条款纳入相关法律法规，或制定专门法规规章。国家层面，新修订的《测绘法》确立了地理国情监测工作的法定地位；原国家测绘地理信息局印发的《国家测绘地理信息局立法规划（2015～2020年）》（国测法发〔2015〕2号）明确将制定《地理国情监测管理规定》，并在此基础上起草《地理国情监测条例》上报国务院。地方层面，《浙江省地理国情监测管理办法》于2018年2月开始施行，这是我国首部地理国情监测地方政府规章；湖南省政府已将《湖南省地理国情监测管理办法》列入2018年立法调研论证项目；北京市测绘地理信息主管部门2018年将开展《北京市地理国情监测管理办法》调研工作。

②"进规划"。国家层面，《国民经济和社会发展第十三个五年规划纲要》明确提出，"开展地理国情常态化监测"；《全国基础测绘中长期规划纲要（2015～2030年）》提出，"完善地理国情监测标准体系，形成成熟的监测业务工作体系"；《测绘地理信息事业"十三五"规划》将地理国情监测纳入测绘地理信息"五大业务"。地方层面，云南省2016年11月出台了地理国情监测专项规划，北京市计划开展省级地理国情监测规划编制，各省份在测绘地理信息"十三五"规划中均部署了地理国情监测相关工作。

③"进预算"。海南、四川等省对本地区地理国情监测专项资金适用、

管理作了详细规定；福建、云南、河北、河南等省将基础性及专题性地理国情监测经费列入财政预算。

④"进职责"。北京、宁夏、广西、山东测绘地理信息主管部门已赋予"地理国情监测"职能；浙江、湖北、江西、广西、陕西、广东测绘地理信息主管部门通过增设或调整直属事业单位的方式，赋予其承担"地理国情监测"工作职责；河北、重庆、四川、陕西测绘地理信息主管部门内新设了"地理国情监测"相关管理处室①。

3. 成果应用日益丰富

我国现已开展了100余项地理国情监测试点工作，普查和监测成果广泛应用到国家重大战略实施和区域总体发展规划实施、生态文明建设、空间性规划"多规合一"、领导干部自然资源资产离任审计、精准扶贫、农村土地确权登记、国土空间用途管制、自然资源调查监测、城市规划建设管理、城市治理等工作中，为掌握基本国情、政府科学决策提供了重要支撑和科学保障②。

（1）服务国家重大战略实施和区域总体发展规划实施

各地区充分利用地理国情普查和基础性地理国情监测成果数据、高分辨率遥感影像等，对我国重大发展战略、区域总体发展规划等实施状况及影响进行动态监测。例如：陕西省将重要地理国情监测成果应用于"丝绸之路经济带"建设；北京市、天津市、河北省将京津冀地区重要地理国情监测服务于"京津冀一体化"发展建设；江苏省、湖南省等完成的长江经济带国家投资基础设施建设监测，形成了重大战略实施区域的地表覆盖状况、产业空间布局、基础设施建设、生态环境承载力等方面的监测成果，这些监测成果的应用，充分发挥地理国情监测对国家战略规划和建设的基础性、公益性的数据支撑和技术保障作用，深入推动了京津冀协同发展、长江经济带发

① 桂德竹、张月：《浅析地理国情监测"四进"制度建设》，《测绘与空间地理信息》2017年第1期，第18~21页、第26页。
② 国家测绘地理信息局：《专题性地理国情监测技术指南（2017~2020年）》，https：//www.sohu.com/a/167538088_650579，2017-08-27。

展等国家发展战略。同时一些试点省份利用地理国情监测成果服务国家级新区发展与建设，如重庆市开展的两江新区规划实施监测、贵州省开展的贵安新区监测、湖南省开展的湘江新区地理国情监测、云南省开展的滇中新区发展监测、甘肃省完成的兰州新区地理国情监测等。根据城市地表覆盖、建成区范围、重要基础设施等变化的动态监测成果的比对结果，结合新区建设现状与规划设计，能够清晰反映新区建设的总体发展程度，更好地助力新区发展。

（2）服务生态文明建设

利用测绘地理信息技术，地理国情监测可以服务于生态保护红线划定，同时对重点生态功能区、生态脆弱区的自然生态状况开展自然生态空间监测。例如：完成了黑龙江、江苏、天津等生态红线保护划定工作，以及广西重点生态功能区自然生态环境综合监测、四川省重点生态功能区自然生态遥感监测、辽宁抚顺林业资源监测、青海湖流域湖泊面积和草地变化监测、青海湖湿地监测，对京津冀、长三角、珠三角地区等大气污染严重区域开展重点大气颗粒物污染源空间分布监测等。

（3）服务空间性规划"多规合一"

为推进地理国情监测成果更好地服务于空间规划编制工作，在海南、宁夏等试点圆满完成任务的基础上，吉林、浙江、福建、江西、河南、广西、贵州、山东等省份纷纷开展省级空间规划试点工作。部分省级测绘地理信息部门在推进"多规合一"工作中，将地理国情普查成果充分应用于服务各类空间规划，积极开展了相关探索，创建数据库、"多规合一"平台系统等，为各级政府编制统一的空间规划提供信息保障。

（4）服务领导干部自然资源资产离任审计

围绕领导干部自然资源资产离任审计重点内容与要求，地理国情监测工作可以客观公正地为自然资源资产监管审计工作提供数据成果和相关技术方法，并辅助审计部门构建领导干部自然资源资产离任审计的指标体系、审计信息化平台等。目前已有广西、海南、浙江、吉林、河北五省区测绘地理信息部门与审计部门签署了开展自然资源资产审计战略合作协议，充分利用地理国情监测数据成果和技术，摸清自然资源数量、变量、质量，并与其他专题数据深度融合，拓宽审计思路和模式，为领导干部自然资源资产离任审计合作模式积累经验，为自然资源资产离任审计评价提供有力的数据和技术支撑。

（5）服务精准扶贫

全国多地测绘地理信息部门开展了地理信息服务精准扶贫工作。例如，四川省开发了"地理信息＋"精准扶贫信息管理系统，贵州承担了国家级地理国情监测试点——"测绘地理信息空间大数据助力精准扶贫"，湖南省湘西州顺利完成首个精准扶贫地理国情监测项目等。地理国情普查最新空间数据成果和监测技术，帮助扶贫工作实现精准定位、精准帮扶，为国家打好精准脱贫攻坚战提供数据支持和信息服务保障。

（6）服务城市规划建设管理、城市治理

一些省份开展了从空间角度反映城镇化发展进程并进行监测的试点工作。例如，江西省对全省县（市、区）的主城区面积变化情况进行监测和统计分析，陕西省对地级以上城市空间格局变化进行监测，重庆市开展了全市建设用地动态监测、主城区建筑物监测、交通通达监测，北京市开展"城市体检"项目，上海市将第一次地理国情普查和监测成果充分应用于上海城市总体规划编制。

（二）经验总结

1. 加强制度建设，做好顶层设计

五年来，测绘地理信息主管部门在业务建设取得积极进展的同时，从顶层设计出发，对地理国情监测制度建设进行了一系列探索。原各级测绘地理信息主管部门立足于新时代党和国家事业发展蓝图，认真谋划本级地理国情监测制度建设，在推进地理国情监测"进法律""进职责""进规划""进预算"方面逐步取得成效。实践证明，强化顶层设计、推进制度建设是地理国情监测工作的根本保障。

2. 围绕国家战略，突出地方特色

国家与地方地理国情监测形成联动，国家层面监测紧密围绕国家战略需求，结合经济发展新常态、全面深化改革大背景，综合考虑国家关于自然资源管理、生态文明建设的相关工作部署；地方层面监测遵循国家层面地理国情监测工作总体规划和布局的同时，结合各地区监测工作实际和区域发展特色，鼓励地方先行先试，积累丰富的地理国情监测工作经验。地理国情监测业务建设形成了中央统一、上下贯通、左右协调的工作模式，有效促进地理国情监测常态化工作稳步推进。

3. 按需监测，实现精准服务

地理国情监测是"按需"测绘工作，地理国情监测践行"服务大局、服务社会、服务民生"的服务宗旨。各级测绘地理信息主管部门坚持"需求牵引、按需测绘"的工作理念，创新需求对接方法，探索建立地理国情监测规划管理制度和地理国情监测与相关部门的需求对接机制，形成有针对性、稳定性且形式多样的地理国情监测成果服务机制，真正做到满足不同服务对象多样化的应用需求，真正实现按需监测、信息共享、联动更新、精准服务。

4. 创新成果应用，建设应用机制

建立地理国情监测成果及技术应用机制是地理国情监测常态化的关键。原各级测绘地理信息主管部门充分利用大数据、物联网等现代信息技术，创新利用倾斜摄影、INSAR 等先进测绘技术，开展地理国情监测成果在生态文明建设、自然资源管理、政府科学决策、城市规划管理等方面的创新应用，最大程度发挥监测应用价值。同时加大了地理国情监测应用推广力度，实现地理国情监测技术及成果应用机制规范化、制度化、标准化，营造了地理国情监测成果应用的良好环境。

（三）存在的不足

总体来说，地理国情监测作为一项创新性工作，虽取得显著进展，但尚存在以下不足。

1. 业务范围需要明确

专题性地理国情监测领域尚在探索中，各地区"十二五""十三五"地理国情监测内容差异较大，与基础测绘以及各部门资源生态环境监测工作业务存在交叉重叠现象，需要结合习近平新时代中国特色社会主义思想内涵、国家总体安全战略新布局、国家"走出去"等新形势以及国家机构改革等新使命，综合考虑国家关于自然资源管理与自然资源调查监测的工作部署、各地区普查监测工作实际，研究地理国情监测的服务对象、服务内容，形成稳定的地理国情监测领域。

2. 监测成果应用仍需加强

成果应用是地理国情监测的生命力所在。促进地理国情监测技术、标准、产品、服务尽可能与有关部门衔接，最大化发挥监测应用价值，成为比生产本身更重要的工作。同时，国家实施大数据战略，推进数据资源开放共享和信息消费，也对地理国情监测提出明确要求。当前，地理国情监测成果形式和服务模式仍然处于探索之中，满足相关部门业务使用要求的产品仍在探索，成果应用的环境还在完善。

3. 监测制度尚未完全建立

地理国情监测制度建设已经取得积极进展，但仍存在一些不足。例如："进法律"方面，地理国情监测的法定内涵、投入机制等政策主要分散在各类政策文件、普查通知中，内容较分散、偏原则性，立法位阶较低，法律效力有待加强；"进规划"方面，省级地理国情监测规划与地方经济社会发展总体规划的联动不够紧密，仅有个别省份探索编制省级地理国情监测专项规划；进"职责"方面，仅有少数测绘地理信息主管部门被赋予"地理国情监测"职能且增设了相关管理处室，同时地理国情监测与基础测绘等业务边界不够清晰，与各部门开展的资源环境监测的关系尚未厘清；进"预算"方面，绝大多数省级测绘地理信息主管部门未能在省级财政预算科目中单列地理国情监测条目，未能有效衔接普查与监测。长远看，需要根据国家关于不同层级政府事权、财权划分的基本原则和标准，研究提出不同层级政府测绘地理信息主管部门在地理国情监测业务建设、业务管理、服务等方面的

责任，以及与这些责任相配套的投入责任。

4. 学科建设落后

学科建设是地理国情监测人才队伍建设的基石。当前，多数高校尚未设立支撑地理国情监测业务的相关学科体系，仅武汉大学、广西师范大学等少数高校设立了地理国情监测专业。应当围绕自然资源开发利用、自然资源资产管理、生态修复、空间规划体系建设等方向，基于自身定位和优势特点，变革传统思维定式与建设模式，从师资配备、学术研究、课程改革、资源供给、资金投入等方面，逐步丰富地理国情监测的学科体系建设。

二 地理国情监测的工作性质

地理国情监测工作的"应用"属性，是突出其在新时代测绘地理信息服务格局中有别于其他业务的显著特征。需要深刻认识地理国情作为重要的"基本国情"的内涵，践行"按需测绘"理念，明确自然资源管理和政府决策的工作定位，建立形成稳定、可持续的应用机制。

（一）地理国情是重要的"基本国情"

国情按照构成内容在经济社会发展中的作用和地位，分为基本国情和一般国情。可从某类地理国情信息数据是否涉及国家核心利益，是否影响基本国策的制定、实施和调整，以及是否影响行政管理、新闻传播、对外交流、教学等社会公众活动这三个方面来界定其是否具备"基本国情"属性。通过分析，如下信息属于与地理国情相关的"基本国情"，主要包括：涉及国家主权和领土完整、民族统一、政治主张、国界线、国土面积、国家海岸线长度等重要的地理信息数据；涉及跨省份、区域性的地理信息数据，如主体功能区区划图、国家级新区区划图；反映我国人口、经济、资源、生态、环境要素的空间特征、空间方位、空间关系及变化特征等地理信息数据，如冠以"全国""中国""中华"等字样的人口密度、单位面积GDP、森林覆盖率、城市扩展速率等①。

自国务院批复地理国情监测立项实施以来，国务院领导多次强调地理国情是重要的"基本国情"。地理国情监测作为"基础性"国情工作，具有以下属性特点。

从内容上看，地理国情信息应是标准化的。为保证全国范围内信息一致，地理国情信息须符合国家标准，其制作工艺流程须遵循严格的技术规范、管理制度和质量控制环节。

从重要性上看，地理国情信息应是权威的。基本国情反映国家的社会性质、影响治国基本政策，必须具备可靠的精度和较高的质量，执行严格的审核审批程序，并依法向社会提供使用。

从时间上看，地理国情信息要保持现势性。为了解我国基本国策实施进展情况、国家核心利益维护情况，让社会公众与时俱进地树立正确的国情观，需要持续开展地理国情监测，保持与地理空间相关的基本国情信息的现势性。

（二）地理国情监测属于测绘工作范畴

地理国情监测常态化发展需要发挥自身优势，与自然资源与生态环境领域的监测形成良好的协作关系。通过与资源环境监测等进行比较，根据《测绘法》中关于测绘工作的定义内涵，地理国情监测的比较优势主要在于测绘工作的独特性。

1. 聚焦空间方位和空间分布

地理国情监测的主要任务是利用各类测绘技术，通过地理信息语言表达各类自然和人文地理要素的空间方位、空间关系等特征及其变化的规律，以及各类经济社会活动的空间格局及变化规律。不仅是对自然要素和经济社会发展要素的监测，涉及国土空间层面的空间特征都纳入监测范畴。

---

① 王春峰：《地理国情监测常态化业务应用探索》，测绘出版社，2017，第43～62页。

2. 具有标准化、规范化、高精度特征

与其他资源环境监测工作相比，地理国情监测拥有稳定的专业技术队伍，依托标准化、规范化、高精度的生产服务体系，提供高质量的测绘地理信息产品，满足各类差异化的需求。

3. 秉承"精益求精"的测绘精神

测绘事业"精益求精"的精神是地理国情监测工作的重要指导，将卫星遥感技术与实地勘测的地面测绘相结合，提供准确清晰的地理信息数据，其成果是可靠的。

（三）地理国情监测是国情研究工作

与传统意义的科学研究工作不同，地理国情监测作为国情研究工作，更侧重于为国家管理决策提供咨询，其功能定位主要强调以下两个方面。

1. 作为经济社会发展的"基础性"工作

地理国情监测工作体现了地理国情的"基本国情"属性，为相关部门管理决策提供咨询参考。因此，需要强化服务意识，在自然资源的综合监测调查工作中甘当"配角"，积极主动服务，主动对接有关部门的需求和要求，建立标准衔接、需求对接、成果服务等工作机制，发挥地理国情监测优势，为国情研究工作提供有力支持。

2. 作为政府管理决策工作的重要组成

地理国情监测是政府管理工作的重要组成部分，也是管理决策的重要内容。当前我国各类国情要素在国土空间上的空间分布情况、变化特征、空间关系、相互影响等研究相对较少，而地理国情监测成果可以弥补这一不足，与其他部门的国情研究成果相辅相成，共同为国家和地方政府管理决策提供参考。

三 自然资源调查监测概述

根据党的十九届三中全会通过的《深化党和国家机构改革方案》（以下

简称《方案》），国土资源部、国家海洋局、国家测绘地理信息局将不再保留。我国自然资源管理将结束"九龙治水"、政出多门的局面。《方案》对自然资源部的主要职责进行了明确：对自然资源开发利用和保护进行监管，建立空间规划体系并监督实施，履行全民所有各类自然资源资产所有者职责，统一调查和确权登记，建立自然资源有偿使用制度，负责测绘和地质勘查行业管理等。不难看出，在自然资源管理相关部门体制、职责统一后，空间规划、确权登记、国土空间用途管制、执法督察等各项自然资源管理工作都亟须统一、权威的基础调查与监测数据作为业务支撑。未来自然资源调查监测将解决"数出多门、粗细不均、重复交叉"等问题，整合水、森林、草原、湿地资源调查和地理国情监测，开展自然资源统一调查，摸清自然资源家底及其变化情况，为开展空间规划、确权登记、国土空间用途管制、执法督察等工作提供基础。如何同自然资源调查监测相关内容衔接，融入自然资源调查监测是当前地理国情监测亟须思考的问题。首先需要对自然资源调查监测工作形成初步认识。

（一）自然资源释义

关于"自然资源"尚无统一的定义。《中国资源科学百科全书》的定义为："人类可以利用、自然生成的物质与能量，它是人类生存的物质基础。"联合国环境规划署（UNEP）将其定义为："在一定的时间和技术条件下，能够产生经济价值、提高人类当前和未来福利的自然环境因素的总称。"《不列颠国家大百科事典》的释义为："人类可以利用的，自然生成的及其生产源泉的环境能力。"上述定义均为广义上的自然资源，虽然各自表述不同，但其"可利用""天然存在""价值属性"等特征是一致的。狭义上的国有自然资源，应当仅指法律规定并授权的范围。目前，国际上各国立法一般都采取列举的方式来界定自然资源的范围[1]。以我国为例，我国涉及自然

---

① 自然资源部咨询研究中心：《关于当前自然资源管理中几个基本问题的研究》，《中国自然资源报》2018年6月9日，第6版。

资源所有权的法律主要有《宪法》、《物权法》、自然资源单行法、行政法规以及地方性法规或规章。《宪法》第 1 章第 9 条规定："矿藏、水流、森林、山岭、草原、荒地、滩涂等自然资源，都属于国家所有，即全民所有；由法律规定属于集体所有的森林和山岭、草原、荒地、滩涂除外。"上述自然资源均是以土地形态或依附于土地存在。有关土地资源的权属，《宪法》第 1 章第 10 条规定："城市的土地属于国家所有。农村和城市郊区的土地，除由法律规定属于国家所有的以外，属于集体所有；宅基地和自留地、自留山，也属于集体所有。"《宪法》之外，部分法律也明确了其他一些自然资源属国家所有，包括海域（《海域使用管理法》）、无居民海岛（《海岛保护法》）、无线电频谱资源（《物权法》）、野生动植物资源（《物权法》）、空域（《民用航空法》）等。综上，我国法律有明确规定的全部为国家所有的自然资源包括：矿藏、水资源、海域、无居民海岛、无线电频谱资源、野生动植物资源、城市土地，存在国有和集体所有两种所有制的自然资源包括：森林、山岭、草原、荒地、滩涂、农村和城市郊区土地。《方案》中虽然未明确列举自然资源部所管辖的自然资源，但从各部门职能调整来看，自然资源部所管理的自然资源是以土地为核心，除空域外国土空间内的实物资源①。

（二）自然资源综合调查发展历程

我国自然资源综合调查（考察）工作始于新中国成立初期，共经历了五个发展阶段。第一阶段是 1951～1956 年，为满足边疆地区开发和国民经济发展需要，中央组织中科院、水利部、农业部、林业部等有关部门，对西藏等边疆地区开展了综合考察工作。第二阶段是 1956～1965 年，1956 年中科院正式成立"中国科学院综合考察工作委员会"（以下简称

---

① 水生野生动物资源和部分野生植物资源除外。《野生动物保护法》规定，水生野生动物资源归渔业主管部门管理，《野生植物保护条例》规定，国务院林业行政主管部门承担全国林区内野生植物和林区外珍贵野生树木的监督管理工作。国务院农业行政主管部门承担全国其他野生植物的监督管理工作。

"中科院综考会"），承担我国制定的第一个科学发展规划《1956～1967年科学技术发展远景规划》（"十二年科技规划"）中有关自然资源的综合考察任务。在此期间，中科院综考会先后组织了十余项较大规模的综合调查，填补了我国自然资源科学资料的空白。第三阶段是"文化大革命"结束后至20世纪80年代，根据《1978～1985年全国科学技术发展规划纲要》要求，国家计委、国家农委、国家科委、中科院等部门先后组织实施了土地资源、水资源、农业气候资源等的考察研究。这一时期，自然资源综合考察工作趋于成熟，从边远省区扩展到不同类型地区。第四阶段是20世纪90年代，大规模的自然资源综合考察工作基本完成，随着国民经济的高速发展，自然资源综合考察工作开始为区域开发前期研究提供服务，中国科学院针对我国经济社会发展的重点区域及存在的重大战略问题，先后组织开展了30余个系统科学的综合考察与研究项目。这一时期自然资源综合考察工作逐步向跨学科、跨部门、跨地区方向发展，进一步加强了针对资源与经济社会发展的综合研究。第五阶段是2000年至今，2001年科技部启动"科技基础性工作专项"，支持科学考察与调查。这一时期，自然资源综合考察工作开始尝试国际合作，如2008～2012年，中俄蒙三国30多家中外单位、170多名科学家联合开展"中国北方及其毗邻地区综合科学考察"。

综上，在60余年的发展历程中，自然资源综合调查以科学研究和服务区域经济社会发展为主要目的，主要以多部门参与或联合开展的形式，核心力量是以中国科学院为首的科研院所。

（三）自然资源调查监测的主要内容及存在的问题

1. 主要内容

自然资源调查监测的内涵为：准确掌握各类型自然资源的空间分布及其变化情况，清晰界定所有国土空间范围内各类自然资源资产的界线、权属，并对各类自然资源赋存与利用消长状况、不同自然资源要素间的相互关系、自然资源与其他经济社会要素的相互关系以及生态承载力等进行调查与评价①。《中共中央办公厅、国务院办公厅关于印发〈自然资源部职能配置、内设机构和人员编制的规定〉的通知》（厅字〔2018〕69号）（以下简称《自然资源部"三定"方案》）中规定，由自然资源部负责开展自然资源调查监测评价，其具体职责包括："制定自然资源调查监测评价的指标体系和统计标准，建立统一规范的自然资源调查监测评价制度。实施自然资源基础调查、专项调查和监测。负责自然资源调查监测评价成果的监督管理和信息发布。指导地方自然资源调查监测评价工作。"自然资源部内设机构中专门设立了自然资源调查监测司承担自然资源调查监测具体工作，其职责包括："拟订自然资源调查监测评价的指标体系和统计标准，建立自然资源定期调查监测评价制度。定期组织实施全国性自然资源基础调查、变更调查、动态监测和分析评价。开展水、森林、草原、湿地资源和地理国情等专项调查监测评价工作。承担自然资源调查监测评价成果的汇交、管理、维护、发布、共享和利用监督。"

从《自然资源部"三定"方案》可以看出，自然资源调查监测评价分为三项内容：自然资源基础调查、自然资源专项调查、自然资源监测。其中，地理国情监测属于专项调查的范畴。

2. 存在问题

自然资源部的成立，为各类资源环境调查与地理国情监测融入自然资源调查监测排除了体制障碍，但仍然存在一些突出问题。其中最大障碍在于数据标准的不统一。以往，各类资源环境调查虽然在空间内容上的表达存在高度一致性，但技术手段、组织方式、周期不同，所采用的数据格式、要素分类标准不统一，造成了各部门间数据共享应用障碍。此外，还存在综合分析与评价能力较弱的问题。以往，各专项自然资源调查都是基于本部门业务需要，如水资源监测重点关注水质、水位、水量等要素的变化及相互关系，未能与森林、农业等其他自然资源要素进行综合分析与评价；地理国情监测分

① 刘芳：《自然资源管理中发挥测绘地理信息"技术支持"作用的措施建议》，http://wemedia.ifeng.com/73980050/wemedia.shtml，2018-08-06。

析的重点在于空间分析与地物提取，综合分析和数据挖掘能力仍较弱。自然资源调查监测则是贯彻"山水林田湖草"作为"生命共同体"的理念，将自然资源统一联系起来，更加注重运用多学科知识，分析不同自然资源间的空间关系、相互影响等，形成综合性、系统性的研究成果，服务于自然资源的统一管理。

（四）自然资源调查监测评价的工作思路

根据公开信息，自然资源调查监测的初步总体工作思路已形成，具体为：构建"统一组织开展、统一法规依据、统一调查体系、统一分类标准、统一技术规范、统一数据平台"的"六统一"自然资源调查监测体系①，即建立"1＋X"型自然资源调查体系，优化国土空间变化监测体系，创新调查监测数据分发服务体系，建立健全法律法规体系和技术支撑体系，最终形成自然资源统一调查监测制度的总体框架。

一是建立"1＋X"型自然资源调查体系。"1"即基础调查，调查周期为每10年开展一次。"X"为专业调查，调查周期为每5年开展一次。现阶段基础调查将以正在开展的"国土三调"为依托，"三调"工作将成为第一次自然资源基础调查的起始时点，通过及时对目前"三调"工作分类、工作内容、工作方案等进行调整，实现工作、内容、底图、要素等方面的衔接，着力解决与水、草原、森林、湿地等空间重叠和标准不一等问题，查清自然资源在国土空间的水平分布。在此基础上，进一步开展各类专业调查，查清不同自然资源的质量和生态状况，形成统一的自然资源调查，全面支撑山水林田湖草整体保护、系统修复和综合治理。在推进步骤上，应先将土地调查转向国土调查，然后逐步向全面开展自然资源调查过渡，最终目标是建立完备系统的"1＋X"型自然资源调查体系。

二是优化国土空间变化监测体系。以土地利用动态遥感监测和地理国情

① 李倩：《我国将构建自然资源统一调查监测体系——全国土地调查将向全面开展自然资源调查过渡》，《中国自然资源报》2018年8月2日，第1版。

监测为基础，构建四个类型的监测体系——宏观监测、常规监测、精细监测和应急监测。宏观监测是以及时掌握自然资源宏观突出变化为目标，组织实施全天候遥感监测，聚焦永久基本农田、城市开发边界、重大土地整治、全国围填海等社会经济活动可能造成突出变化的内容。常规监测是以原国土部开展的年度全国土地变更调查与遥感监测工作为依托，以掌握全部自然资源国土空间水平分布变化为目标，合理调整监测内容与指标，提高监测的针对性和有效性，避免交叉重复。精细监测是以全覆盖遥感监测和年度地理国情监测项目计划为依托，主要围绕国家重大战略部署以及宏观监测反映的突出问题，对特定地区和对象采用高精度遥感影像开展细化监测。应急监测是根据党中央和国务院的要求以及相关部门的请求，对突发自然灾害、事故灾难、公共卫生事件等突发公共事件提供监测。

三是创新调查监测数据分发服务体系。主要包括数据库系统、数据统计分析系统以及数据共享分发系统。总体思路将按照"先汇总，后集成"的方式，通过整合各类自然资源调查监测数据，建立自然资源数据服务体系。按照统一的数据库标准、建库规范，建立综合影像、类型、面积、范围和权属的一体化自然资源调查数据库，实现国家、省、市、县四级覆盖和互联共享，提供成果共享应用云服务。统计分析系统将对现有调查监测数据成果进行整合，探索各类自然资源在国土空间上建立内在联系，运用大数据分析和数据分析模型，开展数据集成、数据挖掘，推进调查监测数据成果的深度开发利用。共享分发系统将建立现有自然资源成果目录系统并实时更新，及时为自然资源管理和生态文明建设提供信息服务，同时健全自然资源数据共享工作机制。

四是建立健全法律法规体系和技术支撑体系。尽快开展立法调研，推进自然资源调查监测的统一立法工作，推动自然资源调查监测专门法律、部门规章及相关配套制度的制定。利用大数据、物联网、云计算、人工智能等新技术，建立信息化、智能化的自然资源调查监测技术支撑体系，主要包括自然资源调查监测数据动态获取、数据高效处理及存储、信息自动化提取、数据统计分析挖掘、成果多元化应用与服务等方面的支撑技术。

四 新时代地理国情监测工作定位

党的十九大报告指出，我国已进入新时代。新时代赋予了地理国情监测新的职责，在新的自然资源管理体制下，地理国情监测应及时调整工作定位，以适应新时代、彰显新作为。

（一）习近平总书记系列重要讲话对地理国情监测工作的指引

习近平总书记高度重视自然资源保护与生态文明建设，曾在多次讲话中对自然资源、生态环境等相关工作提出要求。习近平总书记的讲话精神充分体现了党中央对生态文明建设的重视，上述讲话内容也为地理国情监测工作指出了明确的发展方向。生态环境保护、自然资源资产管理与登记、领导干部离任审计、国土空间开发布局规划与保护、大数据与人工智能、自然资源承载力评价与监测预警、林业资源的保护与监测等，都存在地理国情监测可发挥作用的空间，也都对地理国情监测有迫切的需求。根据自然资源部"构建'1＋X'型自然资源调查体系"的自然资源调查监测总体工作思路，结合总书记讲话精神中涉及的内容分析，地理国情监测工作主要涉及以下内容：自然资源监测调查、自然资源资产评估与管理、国土空间规划管理。

一是自然资源监测调查。利用地理国情普查/监测的成果与技术，通过信息采集与分析、图件制作与提供等诸多工作，加强水流、森林、山岭、草原、荒地、滩涂等各类要素监测，以摸清自然资源家底，查清其水平分布、质量和生态状况，并进行宏观性、综合性的监测和评价，形成统一的自然资源调查体系，全面支撑山水林田湖草整体保护、系统修复和综合治理。主要内容可包括：针对各类自然资源赋存利用消长等状况、不同自然资源要素的相互匹配关系、自然资源空间分布以及生态承载力等进行综合调查。

二是自然资源资产评估与管理。中共中央印发的《深化党和国家机构改革方案》明确指出，自然资源部统一行使全民所有自然资源资产所有者职责。这就要求自然资源部要统一确权登记，明晰权利主体、客体和内容，划清各类自然资源资产所有权、使用权的边界；建立自然资源有偿使用制度，促进自然资源资产集约开发利用。可充分利用地理国情监测成果，结合社会经济发展情况，评估自然资源状态与资产价值。地理国情监测成果可作为数据基础，支撑自然生态空间统一确权登记，并为自然资产产权划分与登记提供统一的地理空间框架及统计分析指标体系，为领导干部自然资源资产离任审计、自然资源资产负债表编制等工作开展提供了全面、可靠的基础资料和技术支持。

三是国土空间规划管理。自然资源部组建后，将实施全域国土空间用途管制，建立统一、协调、权威的空间规划体系，推动"多规合一"并监督规划实施①。前期的地理国情普查与监测工作积累了海量的测绘地理信息数据，这些数据资源是整合共享其他各类信息数据的公共基底。因此，需要统筹管理耕地、林地、草原、河流、湖泊、湿地公园等地理国情要素的普查与监测成果，对国土空间开展变化监测与评估，将成果作为空间规划基础数据库的数据基础，为国土空间规划提供统一的空间基底和技术；建设测绘地理信息大数据体系，推进政府部门间数据交换共享，搭建空间规划信息平台，对"多规合一"空间信息进行统计、分析和预测。

（二）新《测绘法》对地理国情监测工作的指导

新修订的《测绘法》作为测绘地理信息领域的基本法，是在我国从事测绘活动和进行测绘管理的准则依据。该法首次对地理国情监测的组织实施、工作机制与成果应用等作出了安排，这为地理国情监测依法实施提供了法治保障，也进一步完善了地理国情监测制度环境②。"地理国情监测"被写入《测绘法》，意味着地理国情监测工作正式成为测绘地理信息部门依法行政的一项重要职责。

---

① 刘芳：《自然资源管理中发挥测绘地理信息"技术支持"作用的措施建议》，http://wemedia.ifeng.com/73980050/wemedia.shtml，2018 - 08 - 06。
② 桂德竹：《浅谈依法开展地理国情监测的意义》，《中国测绘报》2017 年 12 月 8 日，第 3 版。

《测绘法》在"总则"中明确了测绘事业的服务对象和领域。其中，首次将"测绘事业服务生态保护"写入法律，这一举措进一步确定了地理国情监测工作在生态文明建设中的作用和地位。

在组织实施方面，《测绘法》要求"县级以上人民政府测绘地理信息主管部门应当会同本级人民政府其他有关部门依法开展地理国情监测"，明确规定了地理国情监测的组织实施方式，要求地理国情监测须由测绘地理信息部门会同有关部门依法开展。地理国情监测工作应在职责职能范围内开展，在工作定位、任务内容上既要满足国情研究工作的要求，又要突出测绘工作及其特点。

在成果管理方面，《测绘法》要求"按照国家有关规定严格管理、规范使用地理国情监测成果"，这一条款确定了地理国情监测成果管理和使用规则。一是要参照基础测绘成果管理的相关要求，制定地理国情监测成果管理措施，在成果更新、成果保管、质量管理等关键环节加强对地理国情监测成果的管理。二是建立地理国情监测成果分发机制，明确规定政府及有关部门和社会有关方面使用地理国情监测成果的范围、责任和程序，以保证地理国情监测成果的权威性。

在推广应用方面，《测绘法》要求"各级人民政府应当采取有效措施，发挥地理国情监测成果在政府决策、经济社会发展和社会公众服务中的作用"。一是要求各级人民政府采取促进监测成果应用的"有效措施"，及时发布可以公开的地理国情信息，加强在有关资源生态环境监测中的应用和成果共享。二是要求注重在政府决策、经济社会发展和社会公众服务中应用地理国情监测成果，在国土空间开发与管控、资源环境及生态调查评价、自然资源资产审计、京津冀空间规划编制实施等领域充分发挥地理国情监测常态化应用的作用。同时，不仅要为政府管理、为战略实施提供专业化服务，也要为经济社会发展和社会公众提供服务。

（三）十九大报告对地理国情监测工作提出的新要求

党的十九大报告紧扣我国社会主要矛盾的变化，提出了一系列战略和重

大部署。地理国情监测应紧密围绕党中央、国务院提出的要求，密切追踪国家战略需求，大力提升服务能力、拓展服务深度。地理国情监测可作为服务经济社会发展、生态文明建设、军事国防建设、国家安全维护等领域的重要抓手，为国家建设提供强有力的保障。

1. 服务经济社会发展

十九大报告指出，要加强水利、铁路、公路、水运、航空、管道、电网、信息、物流等基础设施网络建设[①]。其中涉及的基础设施、自然资源、经济社会结构、科技发展水平等都具备显著的地理空间特征，需要以地理空间信息作为相关分析和决策依据。地理信息是制定经济发展战略的重要支撑，应进一步拓展地理国情监测服务范围与业务，从地理空间角度，在水、空气、土壤、交通、城市布局等更多领域开展相关地理国情监测，为基础设施建设提供精准的位置保障，为产业的空间布局提供数据基础。促进地理国情监测成果与大数据、"互联网＋"等新技术的融合发展，在经济发展战略布局、公共管理与服务等方面发挥更大作用。

2. 助力建设美丽中国

十九大报告强调，必须坚持节约优先、保护优先、自然恢复为主的方针，形成节约资源和保护环境的空间格局、产业结构、生产方式、生活方式，要推进绿色发展、着力解决突出环境问题、加大生态系统保护力度以及改革生态环境监管体制[②]。因此，必须着眼生态系统保护主动作为，统筹自然资源管理其他相关领域，获取自然地理、人文地理要素的基本情况，包括地形地貌、植被覆盖、水域等的类别、位置、范围、面积及其空间分布、变化状况。

---

① 习近平：《决胜全面建成小康社会　夺取新时代中国特色社会主义伟大胜利——在中国共产党第十九次全国代表大会上的报告》，http://www.xinhuanet.com//politics/19cpcnc/2017 - 10/27/c_ 1121867529. htm，2017 - 10 - 18。

② 习近平：《决胜全面建成小康社会　夺取新时代中国特色社会主义伟大胜利——在中国共产党第十九次全国代表大会上的报告》，http://www.xinhuanet.com//politics/19cpcnc/2017 - 10/27/c_ 1121867529. htm，2017 - 10 - 18。

3. 保障军事国防建设

十九大报告中要求，适应世界新军事革命发展趋势和国家安全需求，提高建设质量和效益，确保到 2020 年基本实现机械化，信息化建设取得重大进展，战略能力有大的提升①。根据我国军事国防发展需要，地理国情监测可为战场感知、远程精确打击、空中战略投送、地面高铁输送、海上巨舰立体护送、自动决策等提供强有力的保障服务。协助军队提高其应对多种安全威胁、完成多样化军事任务的能力。

4. 维护国家安全

习近平总书记高度重视国家安全问题，曾在中央国家安全委员会第一次会议上首次提出涉及 11 个领域的安全问题。国家安全内容与测绘地理信息有着密切联系，要增强各类安全保障的能力，需要依靠测绘地理信息和地理国情监测的支持。地理国情监测需以地图作为载体，通过国家版图直观反映国家的主权范围，在边界划定、主权维护、反恐维稳等方面参与维护国家安全；需加强实施我国利益攸关区的全球测绘、海洋测绘，增强抵御境外安全威胁的能力。

（四）地理国情监测在自然资源调查监测评价中的定位

根据《自然资源部"三定"方案》中的有关内容，地理国情监测是自然资源调查监测中的专项调查之一，其工作内容、技术方法、成果服务将发生一系列变化，以适应自然资源统一管理需求，更好地融入自然资源调查监测当中。

在应用需求上，地理国情监测在服务经济建设、社会发展、生态保护、国家安全、深化改革、对外开放等需求基础上，将更加突出自然资源管理与生态文明建设的应用需求。

在监测任务上，为避免与自然资源调查监测交叉重复，基础性地理国情

---

① 习近平：《决胜全面建成小康社会　夺取新时代中国特色社会主义伟大胜利——在中国共产党第十九次全国代表大会上的报告》，http：//www. xinhuanet. com//politics/19cpcnc/2017 - 10/27/c_ 1121867529. htm，2017 - 10 - 18。

监测未来将融入自然资源调查体系中的基础调查和国土空间变化监测体系中的常规监测。今后开展的地理国情监测，主要以专题性地理国情监测的形式，作为国土空间变化监测体系四方面监测内容中精细监测的一部分，将按照年度计划的形式，对特定区域和对象采用高精度遥感影像开展细化监测。监测任务也将进行调整，国家层面的地理国情监测将主要围绕国家重大战略需求，以及自然资源管理工作需求开展年度项目计划。地方层面的地理国情监测应围绕地方自然资源管理工作实际，以区域发展战略规划、区域重大工程项目为重心开展。

在监测系统上，地理国情监测将由原有地理国情监测技术体系、标准规范、装备建设等，逐步向自然资源调查监测融合。现阶段应尽快与自然资源调查监测的分类体系、技术标准、调查方法进行衔接，数据标准与入库标准也应尽快调整与自然资源调查数据一致以便实现调查监测数据整合，融入统一的自然资源标准体系。

在成果服务上，地理国情监测数据成果将与其他自然资源调查监测数据进行整合，纳入自然资源成果目录，主要为自然资源管理和生态文明建设等提供信息服务。

五　新时代地理国情监测工作建议

立足于当前地理国情监测发展现状，为做好地理国情监测与自然资源监测的衔接工作，实现向自然资源调查监测的顺利过渡，应当以习近平新时代中国特色社会主义思想和党的十九大精神为指引，结合地理国情监测工作实际，充分考虑自然资源调查监测的工作定位和需求，着力推进地理国情监测保障工作，加快融入自然资源调查监测。

（一）用习近平新时代中国特色社会主义思想指导地理国情监测工作实践

习近平新时代中国特色社会主义思想涵盖了我国改革稳定发展、内政外交国防、治党治国治军的各个方面，包含"8 个明确"的深刻内涵，明确了"14 个坚持"的基本方略。过去五年，地理国情普查和常态化地理国情监测取得显著成绩，进入新时代，必须坚定用习近平新时代中国特色社会主义思想指导地理国情监测工作实践。

对照"8 个明确""14 个坚持"，根据地理国情监测在自然资源调查监测评价中新的角色定位，进一步完善地理国情专项监测目录：一是对照我国社会主要矛盾的变化，针对"不平衡不充分的发展"突出问题，开展区域资源环境承载力、国土空间开发、精准扶贫等专项精细监测；二是对照全面深化改革总目标，围绕国家重大战略实施，开展"一带一路""长江经济带"等专项监测；三是对照人类命运共同体的构建要求，探索地理国情监测"走出国门"，开展"中巴经济走廊""东盟自贸区"等区域专项监测；四是对照坚持在发展中保障和改善民生，开展"精准扶贫""粮食安全"等专项监测，提供服务民生的地理国情监测公共产品与服务；五是对照坚持人与自然和谐共生，开展"大气污染源""地面沉降""鄱阳湖生态环境"等专项监测。

（二）主动融入自然资源调查监测大局

自然资源部组建后，整合原有各部门的专项调查，开展统一的自然资源调查工作是自然资源总体工作布局的重要组成部分。地理国情监测作为原测绘地理信息部门的专项调查工作，应主动作为，实现地理国情监测拓展升级，积极融入自然资源调查监测，应做好与自然资源调查监测相关技术体系、标准体系、数据管理等方面的衔接。

1. 统一数据格式，完成标准衔接

统一权威的基础数据是自然资源部门开展各项工作的前提。地理国情监测与原国土、水资源、林业、草原、测绘等行业主管部门编制的关于土地、水资源、林业、草原、湿地等自然资源技术标准各有不同，这一现状会对未来自然资源调查工作的统一、高效、有序开展带来一定的挑战。按照统一、合理、科学开展自然资源调查工作的现实需要，完成地理国情监测与土地、

森林、草原、湿地、水资源等资源调查的标准衔接和数据格式统一，构建新的自然资源标准体系。加快梳理国土、林业、草原、水资源等领域的自然资源分类与编码规则，解决地理国情监测与其他自然资源分类与编码规则不统一、不一致等问题，形成统一的自然资源分类与编码体系。

2. 发挥数据管理优势，构建自然资源大数据中心

近年来，大数据在全球范围内掀起一阵浪潮，运用大数据思维和技术推动经济社会发展、健全社会治理、提升政府监管和服务能力正成为一种新的趋势。因此，大数据理念和技术将在自然资源管理实践中产生深远影响，将作为提升政府治理能力的重要手段。长期以来，地理国情普查与监测和各类资源环境调查工作均积累了丰富的自然资源历史数据，这些数据蕴含着过去自然资源的数量、质量、空间分布、变化等。伴随着自然资源部的组建，国土、地矿、海洋、林业、测绘等部门数据的共享和整合已经不存在体制上的障碍，自然资源数据将达到空前规模，构建自然资源大数据中心将成为必然选择。地理国情监测要发挥自身在数据采集、处理、维护和应用中的优势，在数据转化、平台构建、监测对比等方面为构建自然资源大数据中心提供技术支持。应超前研究和提前谋划，做好顶层设计，以"国土三调"数据为基础，地理国情普查和监测数据为辅，整合各类资源环境数据，修正各类资源环境调查基础数据的交叉重叠部分，统一数据格式和入库标准，构建多来源、多尺度、多时相的自然资源数据库。同时吸纳各类经济社会数据、企业数据，特别是互联网位置数据，运用大数据理念与技术方法开展数据清洗、去噪、脱敏等工序，通过大数据统计分析、数据应用模型、数据挖掘及机器学习（深度学习）等，挖掘各类自然资源蕴含的相互关系，开展服务空间规划、用途管制、负债表编制、防灾减灾、生态修复等自然资源大数据应用，充分发挥大数据在自然资源管理中的效能。

3. 融入自然资源调查监测网络，建设自然资源调查监测物联网

当前，各部门资源环境调查均建立了多个调查监测网络（站）：原水利部门建设了全国水文监测网、水土保持监测网，原农业部门建设了国家级遥感地面样方监测网，原海洋局建设了全球海洋立体观测网，原农业部门与国

土部门共同建设了全国土壤环境监测网，原国家测绘地理信息局建设了国家
（GNSS）大地控制网、国家水准（高程）控制网、国家重力基准网、全国
卫星导航定位基准服务系统（国家卫星导航定位基准站网）。同时，各类调
查技术手段也互有差异，如地理国情监测与土地、农业、林业等调查以航空
航天遥感技术为主要手段，而水资源、土壤等调查则以地面调查为主。应发
挥地理国情监测在影像获取、处理上的技术、装备、人才优势，统筹航空航
天遥感影像获取，推进地理国情监测与土地、森林、草原、湿地、水资源等
资源调查技术体系和监测网络的融合，建立空天地一体化的自然资源调查监
测网络。同时，要充分运用物联网、人工智能等新技术，开展自然资源调查
监测物联网研究和布局，将各类传感器作为各类资源环境调查融合的主要载
体，利用 RFID 射频识别技术，实现各类自然资源监测网络节点的智能化识
别、定位、跟踪和管理；将自然资源调查监测物联网接入自然资源大数据中
心，实现监测信息及时分析反馈和预警；通过高速网络通信技术，实现自然
资源调查监测网络之间以及网络与大数据中心之间的实时传输。

（三）加强相关保障工作

一是强化地理国情监测的组织领导。机构改革后，各级测绘地理信息主
管部门将不再负责地理国情监测国家层面的组织领导，转而由自然资源部和
各省市自然资源主管部门承担组织领导职责。在地理国情监测逐步向自然资
源调查监测过渡的进程中，自然资源主管部门应切实加强组织领导，周密制
定工作计划和时间表，明确责任要求和具体措施，既保证地理国情监测的持
续推进，同时也加快向自然资源调查监测衔接与融合。

二是深化地理国情监测科技创新。大力发展满足地理国情监测和自然资
源调查监测的自主高精尖测绘地理信息装备，不断提升海量多源自然资源数
据的实时化获取能力，围绕要素快速自动解译、大数据云平台、数据融合和
挖掘、统计分析评价体系等重点环节，深入开展基础理论和关键技术研究，
提升自然资源数据的实时化智能化处理能力、智能化管理水平、智慧应用
水平。

    三是优化人才队伍结构。自然资源调查监测是一项综合性、系统性的工作，相比地理国情监测更具跨学科、高技术等特点，需要一支综合素质高、业务能力强的复合型人才队伍。五年来，依托地理国情监测重大科研和生产项目，测绘地理信息部门培养了一批地理国情监测高层次的人才队伍，成为开展地理国情监测的重要组织保障。未来在地理国情监测融入自然资源调查监测进程中，这支人才队伍将逐步转变为开展自然资源调查监测的核心力量。目前，地理国情监测人才培养与自然资源调查监测工作要求尚有差距，人才队伍结构仍需进一步优化。应实施更加开放的人才政策，加强自然资源、土地资源管理、生态、经济等领域人才引进与培养，加大地理国情监测相关行业教育培训工作力度，建设一支综合素质高、业务能力强，同时适应地理国情监测和自然资源调查监测需要的人才队伍。

体制机制篇

Systems and Mechanisms

B.2

自然资源管理工作布局中测绘地理信息工作定位和工作重点

陈常松 *

摘　要：　伴随国务院机构改革的推进，我国测绘地理信息事业发展进入新的历史起点。本文从依法行政、技术能力、创新发展等角度分析测绘地理信息工作的职责、任务及能力，并由此确定测绘地理信息在服务经济社会发展、保障国家安全、服务自然资源管理三个方面的工作定位，提出相应工作重点，为推动测绘地理信息融入自然资源管理工作提供参考。

＊ 陈常松，自然资源部测绘发展研究中心主任，博士，副研究员，研究方向为测绘地理信息发展战略、规划与政策。

关键词： 国务院机构改革　自然资源管理　测绘地理信息　工作定位
工作重点

国务院机构改革后，测绘地理信息相关工作成为自然资源管理工作整体布局的组成部分，对其未来发展方向、工作方式、服务内容和相关政策措施等的谋划需要及时作出适应性调整。当前，自然资源部的组建正在加速进行，国土、地质、矿产、海洋、测绘等几大板块业务也正在加速磨合融合。就测绘地理信息这一板块来讲，当前的一项重要任务就是要抓紧从整体上谋划下一步的转型发展，在更好地履行《测绘法》规定职责的前提下，尽快推动《深化党和国家机构改革方案》中关于自然资源部"负责测绘和地质勘查行业管理"这一职责落地，使测绘地理信息技术、组织、制度、队伍等更快适应自然资源管理工作整体布局要求。

一　自然资源管理工作布局中测绘地理信息工作定位

可以从三个角度来研究测绘地理信息工作新定位问题。第一，依法行政的角度。在新的体制下，《测绘法》所确定的测绘地理信息相关职责必须得到有效履行。其中，尤其要履行好服务经济建设、国防建设、社会发展和生态保护，维护国家地理信息安全等职责。这既是新《测绘法》明确的事业新职责新定位，也是新时代赋予我们的新担当新使命①。第二，技术支持的角度。现代测绘地理信息技术已经被广泛应用于资源环境调查和对人口、经济、社会等空间分布规律的研究等方面，为自然资源调查监测和管理提供技术支撑，并成为新体制下测绘地理信息责无旁贷的职责和任务。第三，从创新的角度。深入挖掘航空航天遥感、卫星导航定位以及信息通信等技术在资源环境调查监测中的应用潜力，加快构建自然资源监管技术体系。同时，落

---

① 库热西·买合苏提在2017年全国测绘地理信息工作会议上的报告。

实中央关于新发展理念、高质量发展等部署，进一步发挥测绘地理信息这一板块的技术创新引领作用，带动自然资源管理领域技术装备、技术手段的自主创新，破解我国测绘及资源环境调查监测技术长期受制于人的局面，促使其由大变强。

据此，机构改革完成后，可以确定测绘地理信息工作在自然资源管理工作整体布局中的如下三个工作定位。

——经济社会发展的基础性保障。为经济社会发展提供基础性服务一直是原国家测绘地理信息局的主要职责。鉴于测绘地理信息所提供的公共服务主要是关于人类生存空间的基本服务（主要解决的问题包括但不限于：如何定义地理空间？如何表达地理空间？如何确定某一事物、某一人或者某一现象在地理空间中的准确位置？），在新体制下，测绘地理信息围绕地理空间的定义、表达和合理利用等提供基本的公共服务这一定位不应当有变化。与这一定位相关的主要工作包括基础测绘、全球测绘等。

——自然资源管理工作整体布局的重要组成。自然资源调查监测既是自然资源管理工作本身，也是自然资源资产化管理、用途管理等管理行为的前提和保障。伴随着各类调查监测技术的深入应用，自然资源调查监测已经逐渐抛弃传统的统计手段，转而越来越多地依赖现代技术。传统测绘技术和现代信息技术相互集成所形成的现代测绘地理信息技术是自然资源调查监测的主要支撑技术，原国家测绘地理信息局多年运营积淀的技术体系、组织体系、制度体系、标准体系以及人才队伍无疑将会在自然资源调查监测中发挥关键作用。这一定位有两层含义：测绘地理信息作为调查监测手段而存在，作为自然资源相关数据的处理管理方式及提供使用而存在。

——国家安全和军民融合的重要内容。关于测绘地理信息工作与国家安全紧密关系的认识是有历史渊源的。即使到了技术如此发达的今天，这一关系仍然没有改变（当然这一"紧密关系"的内涵已经发生了巨大变化）。按照习近平总书记关于总体国家安全观的重要论断，这一定位包括技术安全。例如，要摆脱测绘地理信息相关核心技术长期受制于人的局面，必须加快自主技术研发，建设测绘强国；但更重要的是，要合理制定测绘地理信息相关

管理政策，进一步加强行业管理和市场管理，避免出现泄密等问题。在目前军民融合上升为国家战略的背景下，更应当搞好测绘地理信息领域的军民融合工作，充分发挥地方测绘地理信息技术队伍优势，为国防建设提供及时可靠的保障服务。

二　自然资源管理工作布局中测绘地理信息工作重点

新体制不但需要有新定位，还需要有新重点。尽快明确自然资源部管理体制下测绘地理信息新的工作重点，有利于更好地落实陆昊部长提出的"保证部门组建期间工作的连续、稳定、转换和创新的统一"这一要求，促使测绘地理信息更快速地进入新的工作定位。纵观2018～2025年这段时间，结合新定位，测绘地理信息工作应当重点关注如下几个方面。

（一）融入自然资源管理工作整体布局

重点做好两个方面的工作。

第一，承担起自然资源调查监测技术支撑方面的职责。落实《深化党和国家机构改革方案》关于"树立和践行绿水青山就是金山银山的理念，统筹山水林田湖草系统治理"的相关要求，就必须对"山水林田湖草"进行"统筹"或者"综合"的调查监测。旧有体制下，各有关部门建有完备的、分别针对各自然资源单要素的调查监测系统，并在后续资源的要素级管理中发挥了巨大作用。对"山水林田湖草"进行综合管理和"统筹治理"，单纯依赖对单一要素进行调查监测的系统是不够的，必须具备对山水林田湖草的综合调查监测能力（中科院曾专门成立中科院综考会负责这一工作，该机构于2000年并入中科院地理所）。尤其是对我国西北、西南等地区，资源环境调查工作深度亟须进一步挖掘，需要一支专门队伍来开展相应的工作。测绘地理信息部门拥有2万多人的专门技术队伍，技术标准、管理制度、组织架构完备，并且具备长期从事野外调查的工作经验，具备从事自然资源综合监测调查的素质和基本能力，在今后自然资源的管理工作中，其应当承担起综合调查监测这一职责。

第二，承担自然资源数据处理管理和提供使用的职责。俄罗斯总统普京认为，今后"谁掌握了人工智能，谁就掌握了世界"。推进自然资源管理信息化工作，按照中央要求，大力推进大数据、物联网和人工智能等技术在自然资源管理中的应用是做好当前工作的需要，对于今后不断提高自然资源管理的精准性均具有十分重要的价值。美国学者布雷特·金在其著作《智能浪潮：增强时代来临》中认为：人工智能的巨大突破"从根本上说是由于更好的计算机性能及更大的源数据库"。因此，在自然资源管理中也应当树立"数据是王"的观念，高度重视自然资源"源数据库"建设——这包括数据的采集处理和应用。超前开展用于自然资源监测管理的物联网研究及其后续数据的处理和存储是需要马上提到议事日程上的一项重要工作。测绘地理信息队伍长期与数据打交道，专长为数据的采集、处理、更新、维护和提供使用等工作。发挥其特长，担负起自然资源数据相关工作职责理所应当。

（二）为经济社会发展提供基础性服务

重点应当做好如下几个方面的工作。

第一，继续推进基础测绘的变革与发展。基础测绘服务是《测绘法》明确的一项公共服务，国务院批复同意的《全国基础测绘中长期规划纲要（2015～2020年）》要求，要推进新型基础测绘建设。原国家测绘地理信息局曾就此进行过较深入的研究，形成了相关研究成果。自然资源部组建后，应当继续加快推进基础测绘变革——也就是新型基础测绘建设，包括探索新的技术和产品形式、推进管理体制变革、强化标准化工作等等，以使长期困扰我国基础测绘的关键问题，如基础测绘服务难以满足应用需求的问题、重复测绘问题、各层级政府信息难以共享问题等能够得到解决。在这一过程中，有两个认识问题应当引起重视。一是应当进一步明确基础测绘的主要任务是维护国家测绘基准和测绘系统的统一完整，维护国家基础地理信息数据库的权威、标准和技术更新。也就是说，基础测绘所涉及的地理要素并不是越多越好，某一地理要素是否列入基础测绘工作范畴关键要看其是否有利于

维护国家基础地理信息系统的权威、标准等。二是应当进一步明确测绘基准及测绘系统、国家基础地理信息系统等基础测绘成果在经济社会发展中的重要意义。我们认为，基础测绘工作所产生的测绘基准、测绘系统和基础地理信息数据库不单单是技术成果，应当是对国土空间进行定义表述、对地球上所有物体或者现象进行定位的根本依据和根本标准，更代表着政府对这一世界的看法——也就是世界观。而这正是《测绘法》第5条和第24条规定的原因①。

第二，加快谋划全球测绘下一步工作。当前，我国对外开放进入新阶段，习近平新时代中国特色社会主义思想"八个明确"中的第七个就是"明确中国特色大国外交要推动构建新型国际关系，推动构建人类命运共同体"。在更早些时候，习近平总书记曾经讲过三个"前所未有"："我们前所未有地靠近世界舞台的中心，前所未有地接近实现中华民族伟大复兴的目标，前所未有地具有实现民族复兴的能力和信心。"与此同时，我国牵头开展的国际多边或者双边活动日益增多，如亚投行、上合组织等。所有这一切都预示着我国测绘地理信息工作必须马上步出国门，加快对全球地理信息数据的获取工作。目前正在执行的全球地理信息资源建设项目标志着我国测绘地理信息工作视野已经走出国门，开始关注全球。在继续做好这一项目的同时，应当抓紧研究新时代对外开放对测绘地理信息服务的需求，围绕到21世纪中叶建成富强民主文明和谐美丽的社会主义现代化强国这一目标，对全球测绘相关问题，如全球重点地区和利益有关地区地理信息资源获取处理等工作进行整体谋划，并逐步加以落实。在这一工作中，也有一个认识问题需要澄清，那就是一些专家认为美国谷歌地球上有大量地理信息数据可供下载，精度较正在执行的项目还高，没有必要再花钱开展全球项目这一工作。听到这些议论，我们不禁想起了习近平总书记曾经说过："不能总是用别人的昨天来装扮自己的明天。不能总是指望依赖他人的科技成果来提高自己的

---

① 《测绘法》第5条规定：从事测绘活动，应当使用国家规定的测绘基准和测绘系统，执行国家规定的测绘技术规范和标准。第24条规定：建立地理信息系统，应当采用符合国家标准的基础地理信息数据。

科技水平，更不能做其他国家的技术附庸，永远跟在别人的后面亦步亦趋。"中国这样一个大国从基础开始开展全球测绘地理信息工作，是关系科技能否"自主"的大问题，代表的是我们对全球认知的观点，怎么可能利用美国谷歌地球的信息来代替呢？

第三，抓紧谋划海洋测绘工作。全球总面积超过 70% 是海洋。因此，全球测绘中的很大一部分任务是海洋测绘。这里之所以将海洋测绘单列，主要是考虑到海洋测绘的特殊性。旧有体制下，涉海部门不仅包括原海洋局，还有交通、农业等部门。而就海洋测绘工作来讲，《测绘法》也明确其职责在军队。十八大后，原国家测绘地理信息局考虑到海洋强国建设对社会主义现代化强国建设的重要意义，海洋测绘不但是海洋强国建设的重要内容，而且也是测绘为国防建设服务的重要内容，曾就海洋测绘问题与军队及有关部门协商，希望能将海洋测绘尽快提到议事日程。尽管这一工作曾一度取得进展，但是一直没有最终达成共识。制度化海洋测绘工作一直没有开展起来。所以，我国陆地海洋之间的坐标系统、基础地理信息标准数据等至今没有统一，更别说统筹陆地和海洋开展全球测绘相关工作了（目前全球地理信息资源建设项目范围也仅涉及全球陆地地区）。新体制下，测绘、海洋职能划归自然资源部，统筹规划海洋测绘问题的时机进一步成熟；再加上军改后，军队任务进一步向"能打仗 打胜仗"聚焦，军队遂行海上战斗任务的保障服务一般需要通过军民融合渠道由地方部门负责。与有关部门及军队协同，进一步谋划海洋测绘相关事宜，制度化开展相关工作，似应作为当前的一项优先任务尽快提到议事日程。

（三）为维护国家安全服务

重点应当搞好如下几项工作。

第一，推进测绘地理信息领域的军民深度融合。测绘地理信息与军事斗争紧密相关，历来是国防建设的重要组成部分。因此，测绘地理信息领域的军民融合较国防工业领域的军民融合更具有特殊意义。实际上，我国军地测绘地理信息领域一直存在密切的相互合作关系。最近，伴随着军民融合重大

项目的实施，这种合作关系变得更为紧密。但是，如何在现有合作基础上再上新台阶，形成测绘地理信息领域全要素、高效益的军民融合深度发展格局，初步构建一体化的国家战略体系和能力仍然没有破题。为此，宜从形成稳定机制入手，加快制订顶层设计方案并付诸实施。工作过程中应当重点考虑如下几个问题。一是建立需求对接机制的问题，尤其是如何制度化地获得国防需求并将其落实到测绘地理信息生产服务中。二是探索适合测绘地理信息领域的军民融合方式，在军民融合中存在诸如军民共建共享、资源共享、地方建设贯彻国防需求等融合方式，测绘地理信息领域应当采用何种融合方式，其组织、技术保障如何等问题需要尽快弄清。三是探索动员测绘地理信息领域市场主体参与军民融合工作的渠道和方法。目前，测绘地理信息领域市场力量已经成长为一支可以为国防建设提供优质服务的队伍，如何按照中央关于"市场参与"的原则要求，提升各类市场主体的积极性是一个十分重要而紧迫的课题。

第二，进一步提高地理信息管理的科学性。当前，我国测绘地理信息市场化程度、开放程度高，与有关部门结合越来越紧密，与相关行业融合发展的趋势愈发明显，各类地理信息应用达到前所未有的广度和深度。从历史上看，地理信息长期以来与国家安全息息相关，所谓"夫地形者，兵之助也"[1]，说的就是地理信息是极其重要的军事情报。在新形势下，如何在促进地理信息应用，避免对新产业、新业态构成障碍的同时，切实履行维护国家安全的职责，审慎做好保密管理、版图管理、安全管理、质量管理等相关工作，应当重点关注以下几个问题：一是测绘地理信息保密政策问题，充分考虑新技术发展对地理信息保密政策的牵动作用，持续研究适应新技术发展、与时俱进的保密政策；二是版图管理问题，尤其是通过互联网、自媒体等传播的版图管理问题；三是地理信息安全问题，针对大数据、物联网等技术及泛在的位置服务带来的地理信息网络安全潜在风险，持续开展预研究并提出应对策略；四是技术装备安全问题，找准国内外测绘地理信息技术装备

---

① 出自《孙子兵法·地形篇》。

038

差距，拎清关键技术装备受制于人的状况，避免"中兴事件"在测绘地理信息领域上演；五是测绘成果质量管理问题，在不对国家安全造成威胁和不影响成果质量的前提下，对"两级检查、一级验收"等质量管理制度进行重新审视，以适应大数据时代的需求。

三　保障措施

（一）转换理念

——树立全球观。注重从推动构建新型国际关系，推动构建人类命运共同体的角度来谋划测绘地理信息未来工作。将眼光放到世界上，按照建设富强民主文明和谐美丽的社会主义现代化强国，实现中华民族伟大复兴的要求，重新检视测绘地理信息发展战略，明确测绘地理信息未来发展之路，研究测绘地理信息领域的国际化战略，明确回答诸如中国地理信息企业在国际上的地位，中国测绘地理信息技术跨越式发展、领先世界，依托测绘地理信息技术实现对世界更加精细、更加准确、更加及时的了解和掌握，以服务于经济建设、国防建设、社会发展和生态环境保护。

——树立开放观。传统测绘技术专业化程度高等因素，造成了测绘地理信息发展相对封闭的特点，难以融入现代技术所营造的开放式环境，对测绘地理信息当代发展带来消极影响。当今世界，全民测绘时代已经到来，大数据、物联网以及汹涌而来的人工智能浪潮进一步加剧了开放式发展这一趋势。应当抛弃"就测绘谈测绘、较少顾及技术变革和应用场景变化等因素"的发展理念，将新技术发展带动、应用需求驱动和测绘地理信息自身发展规律紧密结合起来，将测绘地理信息业务更多地融入现代技术发展洪流、融入经济社会发展大局、融入自然资源管理实践。

——树立应用观。标准化基础地理信息数据库以及相应基本地图的生产服务是现代测绘地理信息管理服务的基本任务，但其绝不是主要任务——尤其是在当前技术大融合、业务大整合的时代。现代测绘地理信息技术应当成

为国情研究的重要手段，测绘地理信息工作也应当是国情研究的重要组成。因此，养成大数据思维，采用新的思路不断加强相关调查工作，持续积累相关数据资源，推进数据应用，应当是未来测绘地理信息发展路径的不二选择。

（二）战略研究

在管理体制发生变革、技术发展突飞猛进、国内外形势日新月异的背景下，从战略和全局高度研究和谋划测绘地理信息发展，不仅十分必要，而且非常迫切。战略研究应充分贯彻十九大提出的习近平新时代中国特色社会主义思想，同时要立足中央部署和推进本轮机构改革的背景、初衷和要求，重点聚焦以下方面：测绘地理信息融入自然资源管理格局的路径研究——研究如何按照测绘地理信息在自然资源管理中的工作定位，推动测绘地理信息技术、人才、队伍等全面融入自然资源管理格局；测绘地理信息强国研究——研究与我国基本实现现代化和建成社会主义现代化强国的战略部署相适应的测绘地理信息强国建设的总体要求、指标体系、主要任务等；测绘地理信息需求分析——按照科学的需求分析方法，梳理测绘地理信息发展的战略需求；新技术与测绘地理信息融合及业务创新研究——针对云计算、大数据、物联网、人工智能等新技术发展，探索加强测绘地理信息理论创新、技术创新、体系创新、模式创新的潜力和方向；测绘地理信息军民融合与国家安全研究——提出测绘地理信息更好地落实总体国家安全观和军民融合战略的思路和对策；测绘地理信息行业管理政策；等等。

B.3
关于地理国情监测
在自然资源管理中作用的思考

周　旭*

摘　要： 自然资源管理一方面对地理信息的内容丰富性、时效性和精细性提出越来越高的要求，另一方面对地理信息的需求也有明显的层次化特征。自然资源管理的各项业务都离不开客观反映地理环境各要素的信息支撑。地理国情监测作为测绘地理信息获取的一项重要活动，面向的主要对象是作为地理环境要素重要组成部分的地形、地貌、地表覆盖、政区界线、居民地、道路、水系以及各类自然资源开发利用和保护的设施与场所等。形成的各类数据成果，与土壤、气候气象、水文、地质等其他地理环境要素的地理信息一起，在自然资源管理中起着基础性作用。本文通过分析地理国情监测在自然资源管理中的作用，认为应在充分发挥现有地理国情监测成果作用的同时，按照自然资源管理的需求，进一步扩展地理国情监测的内容和深度，并通过监测内容合理密级甄别、区别对待，结合国家地理信息公共服务平台建设，创新建立公共地理信息网络生产业务平台，实现全国地理国情监测统一网络化作业，提升地理国情监测的效率，更好地发挥其基础性作用。

关键词： 地理国情监测　自然资源管理　测绘地理信息　基础性作用

＊ 周旭，国家基础地理信息中心，高级工程师。

一 对自然资源管理的理解

根据本次机构改革的部署，为解决自然资源所有者不到位、空间规划重叠等问题，实现山水林田湖草整体保护、系统修复、综合治理，整合多个部门的职责成立自然资源部，其职责包括对自然资源开发利用和保护进行监管，建立空间规划体系并监督实施，履行全民所有各类自然资源资产所有者职责，统一调查和确权登记，建立自然资源有偿使用制度，负责测绘和地质勘查行业管理等六个方面。核心目标是实现两个统一，即"统一行使全民所有自然资源资产所有者职责，统一行使所有国土空间用途管制和生态保护修复职责"。

仔细分析自然资源管理面临的问题、最终目标和赋予管理部门的职责①，根据自然资源管理的常见实践和理论模式，管理中的各主要环节及其相互关系可以通过图1的概念模式体现出来。

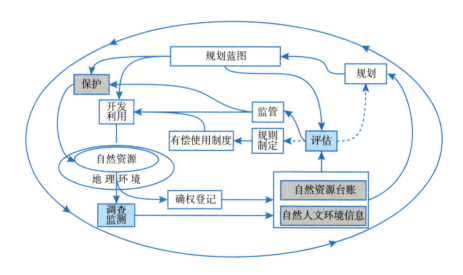

图1 自然资源管理体系概念模式

---

① 张维宸：《为何成立自然资源部？代表自然资源管理发展趋势》，《中国新闻周刊》2018年第17期，http：//www.chinanews.com/sh/2018/05－09/8509557.shtml。

从图 1 来看，首先，作为管理对象的自然资源，其类型多种多样，但无论哪种自然资源，都是地理环境的组成部分，它来自地理环境，对其进行的开发利用或保护，反过来又深刻地影响着地理环境，它不是孤立存在的，不可能离开地理环境谈自然资源管理。其次，管理自然资源是为了可持续发展的需要，因此要确保自然资源的可持续性，不但要开发利用，还需要保护，不但保护资源本身，还需要系统性保护孕育资源的环境，实现可持续的动态平衡。要实现可持续的动态平衡这一目标，需要多个环节的有机衔接、高效协同，并实现信息在一个闭环内的良性循环。综合利用包括测绘、观测、勘探、调查、资料整合、确权登记等各种信息获取手段，建立充分反映地理环境和自然资源的信息库，在此基础上科学开展空间规划，确立空间利用与保护的蓝图。同时，制定自然资源有偿使用制度和规则，充分利用市场机制，在规划蓝图的约束下促进自然资源的开发利用。按照规划要求，开展自然资源的保护，包括保育、恢复治理和整理。通过持续的地理环境监测、自然资源监测和权利变更登记，动态维护自然资源台账，不断更新自然人文环境信息，使其客观反映自然资源与环境的现状和变化情况。随时基于自然资源台账和规划蓝图开展案例评估，为监管开发利用和保护活动提供依据，随时对开发利用和保护效果进行预警，对开发保护行为进行调校，使其符合规划的要求，达到空间管制的目的。定期基于自然资源台账和规划蓝图开展综合评估，为规则制定、完善与优化提供决策参考，为规划的调整完善提供依据。

可见，自然资源管理实际上是在寻求一种平衡，即人与自然的和谐共处。平衡是一种很难达到的临界状态，需要对正反两方面的力量有精确的把握。这在自然资源管理中，就需要准确掌握反映各方面的信息。因此，获得、建立准确的信息库并充分利用，做到"心中有数"，是开展相关决策管理和政策调控、实现动态平衡的关键途径，才能够避免很长时间以来自然资源管理中存在的一些典型不足。例如：感性偏多，理性偏少，多是解决表面问题；直接的偏多，间接的偏少，多是就问题解

决问题；行政的偏多，经济与法治的偏少，多是采取行政手段解决问题等①。

二 自然资源管理对信息的需求

自然资源管理并不是这次成立自然资源部后才有的事情。本次机构改革前，我国各种自然资源按照门类分工，分别由与自然资源相关的国土、水利、林业、农业、环保等部门进行管理。海洋、林业、草原、湿地资源实际上实行多部门交叉管理，水资源实行单门类统一管理，土地、矿藏资源实行相对集中统一管理，以土地为中心的空间管制权分散于不同部委（局）。同时，建立了庞大的与单门类资源相对应的专业技术机构和人员队伍，形成了由《土地管理法》《矿产资源法》《草原法》《渔业法》《水法》《海域使用法》《节约能源法》《领海和毗连区法》等一大批单门类资源管理部门法构成的法律体系和由大量相关联的国家标准和行业标准构成的标准规范体系，建立了包括土地、森林、草原、水域等自然资源开发利用的行政监管制度，并对其中比较重要的区域划定了自然保护区、森林公园、地质公园等加以保护。在法律、标准和专业技术队伍框架，各部门开展了大量专项调查和监测，包括土地调查、土地变更调查、林地变更调查、草地资源调查、森林资源调查、水资源调查、水利普查、湿地资源调查以及海岸带资源调查以及各类资源的质量评定等（见表1）。此外，还根据业务需要，建立并运行了大量自然资源相关的管理信息系统，如全国林地变更调查工作平台、不动产登记信息管理基础平台、土地督察机构数据统一管理与共享服务平台，形成了包括土地利用、土地权属、林地分布、水资源、草地分布、海岸带、湿地、土地管理等各类相关数据资源。这些法律、标准、平台和数据，涉及目前纳入行政管理体系的多种自然资源，虽然体系构成、制度建设尚存在不系统、不完整、不

① 魏莉华、宋歌：《用最严密的法治推进生态文明建设》，《中国自然资源报》2018年5月18日，第5版。

适应、不科学的问题和缺陷，对当今生态文明体制改革的指引、规范和支撑作用还明显不足，但为开展统一的自然资源管理确立了起点，也为确立自然资源管理对信息的需求提供了基本依据和素材。另外，由于这些已经开展的工作缺乏统筹，要在自然资源管理中充分发挥作用，还需要在系统化的顶层设计之下，按照统一的要求进行综合分析、裁剪取舍、协调融合、整合提升，根据需要纳入新的框架，作为构建自然资源管理信息体系的重要资料来源。

表1　现行各类自然资源调查、监测、评估及相关工作内容及对基础信息的需求

序号	调查名称	调查/监测/评估内容概要	核心成果数据内容	需要的基础资料
1	土地调查（参考第三次调查相关资料）	查清全国城乡各类土地的分布和利用状况；将已完成土地确权登记成果落实在土地调查成果中，对发生变化的开展补充调查；开展耕地细化调查、批准未建设的建设用地调查、耕地质量等级调查评价和耕地分等定级调查评价	土地权属、坡度图、田坎系数、土地调查及专项调查数据库与数据库管理系统、县级土地利用图、城镇土地利用图，耕地细化调查、批准未建设的建设用地调查、耕地质量等级和耕地分等定级等专题图	政区界线、土地审批及确权登记等管理数据，遥感影像、DEM、地名等
2	土地变更调查	核实"非建设用地"及"批而未用""临时用地"和"拟拆除用地"等用地，进行全面核实、调整和补充调查，更新土地调查数据库	遥感监测图斑、更新后的土地调查数据库	土地利用数据、政区界线、土地审批管理数据、遥感影像
3	林地变更调查	针对林地范围内新增建设用地、耕地，开展实地林地变化情况调查	林地现状数据、林地变化数据、遥感判读结果数据、未经审批使用林地数据	土地利用数据、政区界线、林地审批等管理数据、遥感影像
4	森林资源调查	以林地、林木以及林区范围内生长的动植物及其环境条件为对象开展的调查。分为以全国（或大区域）为对象的森林资源调查，简称一类调查；为编制规划设计而进行的调查，简称二类调查；为作业设计而进行的调查，简称三类调查，在林业基层单位局部范围开展	一类调查大都采用以固定样地为基础的连续抽样方法，宏观上掌握森林资源的现状和变化。二类调查基本内容包括：森林经营单位境界、林地地类、森林、林木蓄积、与森林资源有关的自然地理环境和生态环境因素、森林经营条件、前期主要经营措施与经营成效。三类调查需准确测定和计算林木的蓄积量和材种出材量	行政界线、土地利用数据、植被类型、森林类型、政区界线、遥感影像

续表

序号	调查名称	调查/监测/评估内容概要	核心成果数据内容	需要的基础资料
5	草地资源调查	利用遥感影像初步确定地类与草地类型。在此基础上选择设置样地,地面调查测定植物产量,采集标本,确定图斑的地类、草地类型、草地资源等级以及退化、沙化或石漠化程度属性	草地类型数据、草地资源等级、草地退化、沙化或石漠化分布	草地类型、植物种类、行政界线、地形、土壤、水系、水文、遥感影像
6	湿地调查	利用遥感分出34型湿地型和植被类型,野外调查获取水源补给、权属等数据。对其他重点调查内容,以具体调查湿地对象为调查单位,逐个开展地面调查和观测	湿地资源分布、湿地自然保护区分布、野外调查样点数据	地形、土地利用现状、植被、流域、湿地、影像
7	荒漠化与沙化调查	掌握荒漠化土地和沙化土地的现状及动态变化信息,为制定防沙治沙与防治荒漠化的政策和长远发展规划,保护、改良和合理利用国土资源,为实现可持续发展战略提供基础资料	以小斑为基础的空间数据及每个小斑的属性(调查因子)数据	植被、土壤、地貌、土地利用、土地权属,乡以上行政界线、气候界线
8	水资源调查评价	调查水资源数量、质量等禀赋条件,水资源开发利用状况,水生态环境状况,综合分析各类要素的演变情势、变化规律和影响因素等	分区降水量、干旱指数、地表/地下水资源量等值线图等	行政界线、流域界线、历年水文、气象观测资料
9	海岸带调查	调查内容一般包括气候、水文、海岸线修测、地质与地貌、化学、生物、滨海湿地、植被等	一般可包括海岸线位置图、海岸带区域地质图、水文地质图、工程地质图、第四纪地质图、地貌图、植被分布图、岸滩冲淤变化图、底质类型分布图、化学与生物各要素分布图、滨海湿地类型分布图、各种断面调查的断面图及其他专题图等	气候、水文、地质、地貌、生物、植被等资料

续表

序号	调查名称	调查/监测/评估内容概要	核心成果数据内容	需要的基础资料
10	农用地分等	依据构成土地质量稳定的自然条件和经济条件,在全国范围内进行的农用地质量综合评定。农用地分等成果在全国范围内具有可比性。目的主要是为耕地占补平衡服务	以土地利用图为底图,地块为单元,形成农用地等别图	气候资料:平均温度、积温、降水量、蒸发量、无霜期、灾害气候。水文资料:水源类型、水量、水质。土壤资料:土壤类型、表层土壤有机质含量、表层土壤质地、有效土壤厚度、盐碱状况、剖面构型、障碍层特征、侵蚀状况、污染状况、保水供水状况、砾石含量、地表岩石露头度等。地形地貌资料:地貌类型、海拔、坡度、坡向和地形部位
11	农用地定级	依据构成土地质量的自然因素和社会经济因素,根据地方土地管理工作的需要,在行政区(省或县)内进行的农用地质量综合评定。农用地定级成果在县级行政区内具有可比性。目的主要是为农用地流转、补偿和收益分配服务	以土地利用图为底图,地块为单元,形成农用地级别图	
12	天然草原等级评定	根据草原草群饲用品质优劣和饲草产量作出的评价	基于草地类型图开展评价,形成草原等级图	牧草种类、牧草产量
13	耕地质量等级评定	从农业生产角度,通过综合指数法对耕地地力、土壤健康状况和田间基础设施构成满足农产品持续产出和质量安全的能力进行评价	按照综合农业区划和地形部位划分的中小地貌单元作为评定单元,形成耕地质量等级图	地形部位、有效土层厚度、有机质含量、耕层质地、土壤容重、质地构型、土壤养分、生物多样性、清洁程度、障碍因素、灌溉能力、排水能力、农田林网化、耕层厚度、田面坡度、盐渍化程度、地下水埋深、酸碱度、海拔高度
14	海域分等定级	根据影响海域使用效益的经济、社会、自然等因素的综合分析评价,反映海域使用价值的地域差异	海域等别图、海域级别图	水质、水深、流速、养殖品种单位面积产量、景观质量、对外交通、旅游设施、海岸类型、码头岸线长度、人工岸线长度、滩涂等

　　根据联合国环境规划署的定义,自然资源是在一定的时间和技术条件下,能够产生经济价值、增进人类当前和未来福利的自然环境因素的总称。

自然资源的类型多种多样，但都是自然环境的组成部分，它来自于自然环境，对其进行的开发利用或保护，反过来又深刻地影响着自然环境。自然资源具有可用性、整体性、变化性、空间分布不均匀性和区域性等特点。因此，从图1所示的各项自然资源管理业务的相互关系和表1所列的已有实践来看，自然资源管理对信息的需求涉及三个层面。

第一个层面是反映各个自然因素的信息。自然因素是导致自然资源产生、再生、更新以及质量变动的基础条件。综合表1所列的当前政府管理涉及的有关自然资源调查监测内容，反映自然因素的内容包括：反映光照、温度、降雨、蒸发、风等气候因子的数据，反映地表水、地下水等的水系、水文数据，反映岩性、构造等地质因子的数据，反映土壤类型、质地、厚度、酸碱度等土壤因子的数据，反映高程、坡度、坡向、坡位等地形地貌因子的数据，反映植被、构筑物、水、裸露地等地表覆盖因子的数据，反映初级生产力、物种分布等动植物因子的数据，以及政区界线、居民地、道路、管线以及各类自然资源开发利用和保护的设施与场所等基础数据。

第二个层面是反映各类自然资源存在状况的信息。包括各类自然资源在范围、数量、质量等方面的状况，也包括当前对各类自然资源的开发利用和保护情况。由于不同的自然资源在空间范围、发生发展过程、具体用途等方面差别较大，需要根据不同自然资源的特点，按照管理的需要，调查获取其特有的信息。根据当前受管理的自然资源类型，一方面需要调查其存在空间载体，如土地资源；另一方面，需调查存在于其中的物质形态的资源量，包括耕地（宜耕地、现耕地、休耕地、退耕地）、园地、林地（宜林地、天然林、人工林等）、草场（包括天然草原、人工草地）、湿地、矿区、流域、渔场、水域、滩涂、岸线等，以及与这些空间相关的农作物单位产量、森林类型与结构、林木蓄积量、产草量、载畜量、生物多样性、矿产蕴藏量、水资源量、养殖与捕捞量等。在调查资源量的同时，资源的质量也是关键因素，往往需要基于第一个层面的信息支持，才能准确判定其质量，而且质量的变化直接导致资源量的变化。

第三个层面是自然资源开发利用和保护方面的信息。一般都是自然资源规划、管理、评估以及执法管控等过程中产生的信息，包括规划、利用现状（包括利用方式、利用强度等）、权属界线、管理界线、审批、资源开发利用与修复工程设施、监测保护设施、地质环境灾害破坏、受污染及污染源情况、退化情况、治理改良修复情况等。如果建立了统一的国土空间用途管制平台，开发利用和保护方面的信息应该是随着各项规划管理业务而实时产生和持续更新的，并保持高度的一致性。自然资源开发利用和保护会直接导致第一个层面各类信息的变化，因此评价开发利用和保护的成效，也需要第一个层面的信息支持。

三 地理国情监测和自然资源管理信息需求的关系

从自然资源管理对信息的需求分析可以看出，各类现行自然资源调查、监测、评估及相关工作所需求的三个层面信息汇总起来，可以归结为反映地理环境的基础信息和反映自然资源现状的自然资源台账信息。反映地理环境的基础信息包括了自然环境各类因子，如地形、地貌、植被、动物、土壤、水文、地质、气候气象等诸多内容。同时也离不开各类人类活动相关的人文地理要素信息，包括政区界线、居民地、道路、管线以及各类自然资源开发利用和保护的设施与场所。自然资源台账反映土地、淡水、林木、牧草、能源、矿产等自然资源在保护利用过程中的数量、质量、分布、权属、利用程度、形式及其变动的信息，是自然资源综合管理的重要依据，是各级管理部门制定决策的重要参考。

这些信息中，地理国情监测成果和其他测绘地理信息数据可以在地形、地貌、植被、政区界线、居民地、道路、管线以及各类自然资源开发利用和保护的设施与场所等方面提供权威、稳定和质量可靠的信息支撑。2017 年 7 月 1 日起施行的《测绘法》第 26 条规定："县级以上人民政府测绘地理信息主管部门应当会同本级人民政府其他有关部门依法开展地理国情监测，并按照国家有关规定严格管理、规范使用地理国情监测成果。"

地理国情监测是测绘工作的重要内容之一。测绘是对各类地理要素的形状、大小、空间位置及其属性等信息进行测定、记录和可视化的活动，以及为了开展这些活动而建立维持坐标参照系统的工作。简单来说，测绘是采集地理信息及按照应用需求对地理信息进行处理、分析与展现等活动的总称。其中，为国民经济和社会发展以及为国家各个部门和各项专业测绘提供基础地理信息而实施的测绘总称基础测绘，包括建立全国统一的测绘基准和测绘系统，进行基础航空摄影，获取基础地理信息的遥感资料，测制和更新国家基本比例尺地图、影像图和数字化产品，建立、更新基础地理信息系统等工作。基础地理信息主要是指通用性最强、共享需求最大，几乎为所有与地理信息有关的行业采用作为统一的空间定位和进行空间分析的基础地理要素，主要包括地形、水系、植被、居民地、交通、境界、特殊地物、地名以及用于定位的地理坐标系格网等要素。地理国情监测是在基础测绘的基础上，弥补其以系列定比例尺地形图制图为目标带来的产品形式单一、要素内容受限于表达方式、尺度之间相互分离、整体涉密限制应用、更新周期长等方面的不足，在充分分析应用需求和已有基础地理信息不足的基础上，面向各行业共同性需求，在地表覆盖、地理单元等方面进行了大幅扩充。

例如，对水系数据的采集，目前基础地理信息数据通常采集河流湖泊的常年水位作为水体范围界限，对一些多年断流河道被开发利用的河段，就不会采集，这不利于水利和水资源管理部门利用数据开展相关管理工作。因此，国情监测中补充采集了水体的高水界。又如，传统地形图数据中，都包含植被与土质这一大类数据，但由于其变动较快，且面积巨大，通过传统信息采集方式难以实现与其他要素的同步更新，而且限于过去主要通过地形图进行表达，难以满足信息时代对该层数据无缝覆盖全部国土的需求。因此，基于当前飞速发展的遥感技术，通过国情普查与监测，建立了更适用于生态文明建设需求的地表覆盖分类体系，并形成和不断更新无缝覆盖的地表覆盖数据，从而完整替代原来基础地理信息中的植被与土质数据层。再如，基础地理信息中的境界与政区大类中，主要包含的是行政区划界线，但随着社会的发展，出现了多种多样的社会经济管理界线，大到主体功能区、经济区，中到旅游区、国家公园，小到社区、居住小区、商业区等，这些都是实际管理中必需的公共信息，是社会经济信息与空间位置的挂接点。

地理国情普查与监测的内容包含了种植土地、林草覆盖、房屋建筑、路面、构筑物、人工堆掘地、裸露地表以及水面八大类 46 个二级类和 86 个三级类的地表覆盖分类信息，以及铁路、村道以上的通车道路、各类水工和交通设施、尾矿库、河湖沟渠、各类行政与社会经济管理单元、地然地理单元、城镇综合功能单元等丰富信息。在信息采集方式上摈弃了定比例尺制图的目标导向，采集过程中按照统一的技术指标应采尽采，不作综合取舍，不考虑比例尺限制和制图表达需求，客观反映各类地物在现实世界的分布、数量、密度和状态。在此基础上，针对河流水系和道路，构建水网和路网。最后，利用这些统一技术要求、覆盖全国的丰富地理信息数据，开展全国范围的统计分析，从数量、面积、密度和空间分布等各个方面反映不同空间区域内各类地物要素客观的分布特征。同时，地理国情监测成果和其他测绘地理信息数据一起，也为开展各类自然资源管理提供基础资料支撑。如果进一步扩展地理国情监测的内容，将土壤、一般水文要素、普通地质因素等纳入，深化动植物分布的有关内容监测，就可以为自然资源管理提供更加有力的信息支撑。

四　进一步发挥地理国情监测在自然资源管理中作用的建议

经过第一次全国地理国情普查和监测实施，在数据成果建设方面取得丰富成果。已构建成以 2015 年 6 月 30 日为标准时点的第一次全国地理国情普查本底数据，以及以 2016 年 6 月 30 日、2017 年 6 月 30 日为标准时点的地理国情监测数据，包括全国地表覆盖分类数据、全国重要地理国情要素数据、正射影像数据以及多层次的统计分析数据，这些数据成果已经在国家、

省市、地方等多层次得到广泛应用，取得良好反响。在海南"多规合一"工作中，在永久基本农田保护区核实核准，在长江经济带11省市环境保护审计工作中，在黑龙江、云南、浙江、陕西等多省市领导干部自然资源资产离任审计工作中，在西南四省土地督察工作中，在浙江、黑龙江等地开展空间性规划中，在四川、重庆、江苏、山西等省市开展自然资源监测中，在北京新一轮百万亩造林工程和"城市体检"中，在上海市城市总体规划实施评估中，都充分发挥了独到的作用，充分彰显了地理国情监测成果的巨大应用潜力。但要持续深入发挥好地理国情监测成果以至测绘地理信息对自然资源管理的基础支撑作用，还需要充分认识地理国情监测在自然资源调查监测中的基础作用，进一步扩展地理国情监测的内容和深度，并不断提升监测的效率。

（一）准确认识地理国情监测在自然资源调查监测中的基础作用

自然资源调查监测是获取自然资源管理所需信息的基本途径。从自然资源调查监测的技术途径来说，调查监测底图是开展调查与监测工作的基础，其核心是确定调查监测空间单元，即确定记录各类属性信息的最小空间范围或空间对象。而不同类型的自然资源，由于受影响的主要自然条件因子不同，具有不同空间分布特征，因此对调查单元有不同的需求。为了确定符合调查监测对象特点的空间单元，需要充分利用包括遥感在内的多种数据源和技术手段，获取第一个层面的主导自然因素或指示性自然因素，叠合形成基准调查单元。在基准调查单元的基础上，结合第三个层面的各类管理和权属单元界线，生成实地调查单元，并配以道路、河流、居民地等定位要素以及地形、影像等背景信息，形成调查监测底图，在此基础上开展地面实地调查，获取第二个层面的各类信息。例如，土地资源调查可以在通过地面观测、遥感变化监测等手段持续获得地形地貌、土壤、水热、地表覆盖等因子数据的基础上，结合土地权属、土地管理（如土地出让、整治、储备、毁坏、污染、修复等）等日常业务形成的范围界线，综合形成以地块为空间单元的调查监测工作底图，为进一步实地获取每个调查监测单元上耕地、草地、林地等土地资源的数量、产出量、质量等更详细信息提供基础。

在自然资源管理所需三个层面的信息中，地理国情监测主要面向第一个层面，提供的信息主要是反映地形地貌、地表覆盖以及政区界线、居民地、道路以及各类自然资源开发利用和保护的设施与场所等方面的内容，并可以进一步扩展，将土壤、一般水文要素、普通地质、动植物分布等因素纳入进来。不难看出，地理国情监测在自然资源调查监测中的基础作用是实实在在的，需要在实际工作中得到充分认识，有利于这项工作的正确定位，避免与不同层面工作的错位和冲突。

（二）进一步扩展地理国情监测的内容和深度

按照《基础地理信息要素分类与代码》（GB/T 13923 – 2006）的规定，基础地理信息包括定位基础、水系、居民地及设施、交通、管线、境界与政区、地貌以及植被与土质共八大类。地理国情监测在此基础上进行了补充和扩展，总体上内容完整，但对于各类自然资源管理相关的境界、植被与土壤的反映不够深入。根据针对系列比例尺的《基础地理信息要素数据字典》（GB/T 20258 – 2006）系列标准和《地理国情监测内容与指标》，很多要素类型定义了较多的属性项，在实际采集结果数据中，虽然地理要素的空间位置采集充分，但由于多种因素的限制，很多属性信息采集不够完整。此外，按照自然资源管理的需求，很多要素还需要充分利用自然资源统一监管的机制优势补充更多的属性。

在自然资源管理工作中，除需要各类基础性的地理信息，还需要在此基础上进行细化和扩展，既包括地物类型的细化与扩充，也包括地物属性内容的扩充和属性取值的精准化，不但要准确反映地物的位置和范围，还要准确反映地物的数量、质量和功能等信息。例如，对水资源，测绘地理信息中包含了河流、湖泊、水库的位置或范围，部分湖泊包含了反映淡水或咸水的水质属性，部分水库包含了用途类型、库容量等属性，但对于衡量水资源的数量和质量还远远不够，缺乏必要的水文和水质信息，但包含了水文站等观测

站点的位置，可以为相关观测数据的挂接和分析提供基础。又如，对于森林资源，地理国情监测数据中包含了林草等植被信息，随着监测的持续开展，形成了时序化的林地分类图斑，包含了针叶林、阔叶林、针阔混交林以及灌木林等类型。这些数据可以用于准确计算森林覆盖率，但由于缺乏反映森林结构特征的林分信息，对于精确衡量林业资源，特别是林木资源的数量和质量还远远不够。一旦有了这些基础性的信息，就可以为林业管理机构进一步深化开展森林资源调查和宏观管理奠定良好的基础。对草地资源也存在类似的情况。

因此，在自然资源管理中，地理国情监测一方面为自然资源调查和监管提供反映地理环境的基础底图，为各类调查的属性信息提供挂接的信息载体；另一方面为精确测定各类调查结果的范围和位置提供支撑，为管理单元的划定、自然资源保护利用评估、空间管制政策实施等提供统一的地理空间平台。但要在面向自然资源管理中充分发挥作用，还需要对地理国情监测的内容宽度和深度进一步扩展和完善。

（三）进一步提升地理国情监测的效率

第一次全国地理国情普查结束后，从 2016 年开始进行地理国情年度监测，已连续进行了 3 年，在技术规范体系、组织实施体系、人员队伍体系、质量保障体系、影像资料保障体系等方面形成了较好的工作基础。在技术规范体系方面，已形成了以全国地理国情监测年度实施方案、监测内容与指标、数据技术规定等为核心的一整套适用的技术规范体系，有效指导了全国地理国情监测的顺利实施，保证了全国技术要求的一致性。在组织实施体系方面，按照"全国统筹、上下联动、分工合作、发挥优势、因地制宜、成果共享"的原则组织实施，有条件的省份在国家测绘地理信息管理部门统筹指导下，统一要求、统一标准、统一步调，协同开展本区域内地理国情监测数据生产工作。在人员队伍体系方面，在地理国情普查、监测工作开展过程中，全国有 5 万多名测绘地理信息专业技术人员参与其中，经过培训、生产实施、技术研发等过程，形成了专业化的技术队伍。同时，在基础学科建设、理论体系研究、专业技术研发等方面均取得了质的进步。在质量保障体系方面，在全国各级测绘地理信息部门及参与项目的各单位中，已建立了优化的项目组织、管理、质量保障以及安全生产体系，并在每年度的地理国情监测实施过程中不断完善和进一步优化。在影像资料保障体系方面，从影像分辨率、成像质量、覆盖能力保障等多个方面，形成影像资料统筹获取机制。这些基础充分调动了各方积极力量，统筹各方资源，最大限度地有序保障了地理国情监测的顺利实施。

尽管形成了较好的工作基础，但随着自然资源管理对信息时效性和精细化程度的要求越来越高，地理国情监测还需要突破技术和管理方面诸多因素的限制，进一步提升效率，才能更好地满足日益迫切的需求。目前，遥感在地理国情监测工作中发挥了主要作用，但基于遥感影像的大规模信息提取还需要以人工为主，自动化水平很低。由于缺乏一个合理、明确且可操作的地理信息涉密内容分级标准，目前所有的地理国情监测业务流程都只能在涉密环境下展开，受限于涉密网络覆盖范围有限，地理国情监测的信息采集未能利用现在网络与信息技术的发展成果，还处于作坊式生产水平，限制了全国性大规模的一体化和网络化作业，成果形成周期较长，总体效率不高，难以随需应变、及时响应自然资源管理的多样化需求，也导致在充分发挥地方和社会各界力量的积极性和能动性，形成广泛参与、上下合力、整体推进的良性机制建设方面缺乏强有力的技术支撑手段。

因此提出以下建议。一是处理好信息公开与保密的问题，减少对信息采集途径的限制。对于地理国情监测的内容，应按照相关规定合理、明确甄别涉密与非涉密内容。非涉密内容全部基于可信互联网环境开展采集和应用服务。涉密内容采用专门的生产组织流程开展信息采集和应用服务，且涉密内容采集应基于非涉密信息进行，并严格保持两者在调查监测单元或调查监测对象上的对应性。二是与国家地理信息公共服务平台建设相结合，在强化地理信息公共服务平台信息发布作用的同时，建设地理信息公共生产业务平台，将地理国情监测的信息获取业务流程纳入这一生产业务平台，建立全国

统一的网络化地理国情监测生产体系。有了网络化的生产体系，并充分利用大数据、云计算、人工智能等信息化新技术，可以有效克服当前地理国情监测信息采集规模化、网络化、流程化、整体性不足和质量控制难度大的限制，从而显著提升监测工作的效率，确保地理国情监测更好地服务于自然资源管理。

B.4
关于地理国情监测转型升级的若干思考

徐 韬*

摘　要：　原国家测绘地理信息局《关于全面开展地理国情监测的指导意见》提出了"逐步实现地理国情监测法制化、制度化、规范化"的目标，全国各地正在将地理国情监测推向常态化。2018年上半年国务院进行了新一轮机构改革，我国地理国情监测迎来机制创新、体系创新和转型升级的好机遇，同时也面临严峻的挑战。本文围绕新形势下推进常态化地理国情监测所需解决的问题，就地理国情普查及监测成果应用、地理国情监测定位及与其他有关专项工作的关系、地理国情监测工作转型升级等，作初步探讨并阐述若干思考。

关键词：　测绘地理信息　地理国情监测　自然资源调查　"十三五"规划　转型升级

一　引言

第一次全国地理国情普查按照国务院有关部署要求完成了既定任务。2017年4月，国务院新闻办公室发布了《第一次全国地理国情普查公报》，我国31个省、自治区、直辖市先后发布了本行政区地理国情普查公报。测绘与地理信息部门与科技工作者做出的这一成绩，得到了社会的广泛关注，

---

* 徐韬，浙江省测绘与地理信息局教授级高工。

获取的普查数据将在我国经济建设和各项有关工作中发挥重要作用。2017年，新修订的《测绘法》颁布实施，明确了地理国情监测的法律依据，明确了各级政府的相关职责。2017年5月，原国家测绘地理信息局印发《关于全面开展地理国情监测的指导意见》，提出了"逐步实现地理国情监测法制化、制度化、规范化"的目标，进一步将我国地理国情监测推向常态化。2017年12月，测绘出版社出版《地理国情监测常态化业务应用探索》一书，以国家测绘地理信息局测绘发展研究中心开展的"常态化地理国情监测业务体系建设"课题研究成果为基础，结合地方具有代表性的案例，进行了系统总结并作了有益的探索。2018年，浙江在全国率先出台《浙江省地理国情监测管理办法》，制定、印发了年度地理国情监测工作方案。一些省市陆续启动了2018年度地理国情监测项目并正在实施过程中。2018年上半年，国务院进行了新一轮机构改革，原国家测绘地理信息局职责整合在自然资源部职责内，地方各级政府的测绘地理信息主管部门机构调整也即将随之进行。新格局、新形势下，地理国情监测迎来机制创新、体系创新和转型升级的好机遇，同时也面临着严峻的挑战。本文围绕新形势下常态化地理国情监测的推进，就地理国情普查及监测成果的应用、地理国情监测与其他有关专项工作之间的关系、地理国情监测的转型升级等问题，谈几点粗浅认识。

二 地理国情普查及监测成果的应用

第一次全国地理国情普查获取了大量基础数据和专题数据，其开发利用价值巨大。通过第一次全国地理国情普查公报，各级政府有关部门和公众从宏观性、整体性、综合性的视角，对我国地理国情概况及各要素空间分布和主要统计指标有了基本了解。但公报所发布的具有统计意义的地理国情数据与分析，尚无法完整、详细地展现普查所获取的空间地理数据及数据之间的关系，大量具有分析利用价值的现势性地理空间信息，有待更多应用部门或公众根据个性需求进行数据挖掘，从而产生社会效益和经济效益。一些省市测绘地理信息主管部门拟将本行政区内第一次全国地理国情普查获取的详细数据纳入省级自然资源与地理空间数据库共享发布，推动普查数据在政府部门内发挥更大作用。此项工作得到多数部门的支持，但也存在与一些部门协调的问题。根据反馈意见，主要涉及林业、水利、土地和海洋等部门。由于第一次全国地理国情普查在技术标准、调查方法、统计口径等方面与相关部门开展的专业普查、调查要求存在差异，部分同类（或同名）统计数据或者表述不一致，同时，其他一些因素也影响到普查或监测成果的广泛应用。例如：由于地理国情信息的多样性、复杂性和保密性，普查数据难以以类似"天地图"的形式向公众发布或供查询；普查的建库数据受到内部或涉密网络、软硬件设施条件等限制，难以使数据在众多政府部门得到广泛应用。

全国第一次地理国情普查及后续开展常态化地理国情监测所需的政府财政投入是巨大的，成果是丰富的，许多数据是当前我国生态环境和自然资源保护、治理、监管工作的决策依据，要进一步加强应用。"成果应用是地理国情监测的生命力所在。"根据以往存在的不足，当前推进常态化地理国情监测工作中，要把普查、监测成果的开发利用作为重点考核内容。《测绘地理信息事业"十三五"规划》对地理国情监测工作的内容要求包括："构建地理国情信息时空数据库，建立地理国情信息在线服务平台。开展统计分析、数据挖掘和开发应用，形成多样化的监测成果。"在采集数据完成及建库后，亟须建立在线服务平台，形成适于服务的产品形式，并进行数据挖掘和开发应用。由于在测绘地理信息技术专长上的成熟和优势，各地测绘地理信息部门"驾轻就熟"，容易将自身擅长的地理国情的获取、更新、统计和数据建库作为硬任务，而将具有开拓和创新性的数据挖掘和开发应用作为软任务来对待。"地理国情监测成果形式和服务形式仍然处于探索之中，满足有关部门业务要求的产品尚未最终形成"。各地的发展与《测绘地理信息事业"十三五"规划》制定的目标还存在很大差距。完成第一次全国地理国情普查后，推进常态化地理国情监测要克服以往只重视生产、轻视成果应用与开发的倾向，进一步加强地理国情成果的应用与开发，要重心后移。通过在线或离线方式将普查数据和监测数据及时分发；积极鼓励测绘地理信息单

位、其他专业单位以独立或合作的方式开发地理国情普查数据，使之衍生出更多社会急需的地理信息产品；与相关专业部门协商、协调，进一步梳理和整合数据，使普查数据能够在林业、水利、土地和海洋等部门最大限度地用起来。要深刻认识到，各级政府对于常态化监测的重视程度和资金投入力度，最终将取决于成果的广泛应用及所产生的社会效益和经济效益。

三　地理国情监测定位及其他

调查研究表明："专题性地理国情监测领域仍在探索中，各地'十二五''十三五'地理国情监测内容差异较大，与基础测绘以及有关部门资源环境监测评估工作的业务边界不够清晰。"业界已经注意到研究和认识地理国情监测自身边界及与其他专项工作关系的重要性，实质上即是对地理国情监测工作定位的认识问题。从目前看，各地认识不一致的主要是：地理国情监测与基础测绘的关系、地理国情监测与国务院其他几个部门开展的大型专题（如水利、林业、土地、海洋、地名）普查、调查之间的关系。由于对业务边界的认识不够清晰，易造成以下问题：在纵向上将地理国情监测与基础测绘混为一谈，给项目的财政立项操作和项目指导增加不确定性，导致各地开展地理国情工作不够平衡和难以确定考核指标；在横向上，则是容易与有关部门开展的相关类大型普查、调查工作产生"交集"，监测成果部分因双方在技术标准、调查方法、统计口径上的差异，而造成彼此之间数据"打架"且难以协调。所以地理国情监测工作的定位需要进一步宣传，进一步清晰业务边界。

（一）地理国情监测的定位与业务范围

我国地理国情监测是国家测绘地理信息局于 2009 年组织开展第二次测绘发展战略研究时提出的，当时的表述是"构建数字中国，监测地理国情，发展壮大产业，建设测绘强国"。自此以后，"经历了从理解认识、理论研究、试点探索，到第一次全国地理国情普查全面实施，再到列入国务院批复同意的《全国基础测绘中长期规划纲要（2015～2030年）》中，明确基础测绘的中长期任务是基本形成以新型基础测绘、地理国情监测、应急测绘为核心的完整测绘地理信息服务链条"。2016年，原国家测绘地理信息局印发了《关于加快推进常态化地理国情监测工作的通知》，明确将地理国情监测分为基础性地理国情监测和专题性地理国情监测两种类型，并制定了相应的监测内容与指标文件。基础性地理国情监测定位于对全国第一次地理国情普查成果进行持续更新，主要监测内容为地表覆盖监测与地理国情要素监测。专题性地理国情监测定位于利用普查成果、监测成果、基础测绘成果和遥感影像数据，围绕国土空间开发、自然生态、国家重大战略实施等开展专题监测，根据具体需求开展统计、分析、评估、预测等。从目前看来，关于地理国情监测的定位与业务范围主要是由具体的监测方案来体现的，而对地理国情监测工作性质、建设目标、业务边界、管理模式和投入机制等相关基础研究，则显得薄弱，亟须加强。在稳步推进常态化地理国情监测中，要加强理论研究及机制、体系的研究，逐步完善顶层设计，更好地指导地理国情监测工作。

（二）基础测绘与地理国情监测

地理国情监测作为基础测绘工作的拓展，两者的联系最为密切，又由于两项工作往往都在同一部门内贯彻实施和组织项目，两者边界若不廓清，易造成地理国情监测是基础测绘"加码"的错觉，不利于政府立项管理，包括核算和绩效评估等，也容易弱化地理国情监测工作。2015年国务院批复同意的《全国基础测绘中长期规划纲要（2015～2030年）》提出："到2030年，基本形成以新型基础测绘、地理国情监测、应急测绘为核心的完整测绘地理信息服务链条，具备为经济社会发展提供多层次、全方位服务的能力。"2016年国家发展改革委、原国家测绘地理信息局会同有关部门编制的关于测绘地理信息事业"十三五"规划则表述为："到2020年，形成适应经济发展新常态的测绘地理信息管理体制机制和国家地理信息安全监管体系，构建新型基础测绘、地理国情监测、应急测绘、航空航天遥感测绘、全

球地理信息资源开发等协同发展的公益性保障服务体系……。"由于历史原因及地理国情监测的方法、技术手段、成果表现形式等与基础测绘有很多相似之处，很多部门对两者的辨别和区别认识并不清晰。笔者认为，地理国情监测相较于基础测绘最大的区别在于：根据社会经济发展的需求对地表形态、地面覆盖、重要地理信息进行深层次的调查、测绘，探求地理总体面貌表述，揭示各重要地理要素的分布特征、规律及变化趋势，作出某种指标的科学评估或发展趋势预测。它与基础测绘数据的不同之处在于：对地理实体具有可追溯、可评估、可监管、易统计性质，不光记录地理要素空间分布的某一"片段"，更立足于建立地理对象的生命周期档案，从时间维度保持纵向连续，从空间分布上横向展现要素与要素的相关关系，从而揭示要素分布与演变规律，给人类与地球的和谐共存提供科学依据。由于地理国情监测数据要为特定的土地、环境、资源、灾害等评估提供服务，其对监测要素技术指标是针对性精心设计的，以满足特定评估模型的需要。地理国情监测中包括基础性和专题性两类。基础性地理国情监测技术指标应根据可行性（技术条件、投入）、必要性（需求）进一步精化和突出重点；专题性地理国情监测要针对监测目标、评估指标、评估模型的重要参数来设计，除了运用测绘地理信息技术手段，还需要掌握与监测目标、监测目的相关的知识和手段。

（三）地理国情监测与其他资源调查

国务院其他几个部门开展的大型专题（如土地、水利、林业、海洋、地名、人口、文物）普查、调查活动，掌握了部门开展行政和业务管理所需要的资料和数据。在我国基础测绘工作大发展的基础上，这些专题普查、调查工作都得到了测绘地理信息部门的有力支持，包括成果资料支持、地理信息系统技术和技术队伍支持等。在国家推进地理信息共建共享的协作过程中，测绘地理信息部门也与其他相关部门建立了很好的合作关系。例如，浙江开展的专题调查中，测绘地理信息部门是最主要的合作伙伴之一，发挥了很大作用，也得到这些部门的好评。但许多部门开展的资源调查工作彼此都包含了很多"交叉"内容，存在许多重复投资和劳动，也因而致使一些数据产生不一致的情况。分析其原因，主要是技术标准、统计口径、对象认定方法的差异所造成。同时，"由于各行业对同种数据的分类、指标等各有不同，在地理国情监测中无法很好地融合各部门的已有监测成果和统计数据"。测绘地理信息行业开展地理国情监测的优势在于技术手段先进，所有重要的地理国情监测要素建立在"一张蓝图"上，避免各类调查数据之间产生"冲突"，确保各地理要素边界在空间位置上的"唯一性"，有利于从宏观、整体性角度观察、评价、监视自然资源、生态环境变化的真实情况。从总体看，我国推行常态化地理国情监测工作路子是正确的，也与世界上一些发达国家的做法一致。但我们也应该认识到，地理国情监测是新生事物，存在一个完善的过程。地理国情普查和监测数据对于各专业部门具有很大的利用价值，可以大大弥补专业调查的不足，这已成为各界的共识。如何把地理国情监测数据与专业调查数据进行对比、整合，统一技术标准，促进数据共建共享，实现科学、合理的统一和契合，是我们应该研究的重点。

四 地理国情监测转型升级的机遇与挑战

2018年3月国务院机构改革中设立自然资源部，将国家发展改革委的主体功能区编制、住建部的城乡规划管理、水利部的水资源调查确权登记管理、农业部的草原资源调查确权登记管理、国家林业局的森林和湿地资源调查确权登记管理等职责统一归口管理，有关职责延伸拓展至"对自然资源开发利用和保护进行监管，建立空间规划体系并监督实施，履行全民所有各类自然资源资产所有者职责，统一调查和确权登记，建立自然资源有偿使用制度……"。根据自然资源部的组成和职责，基础测绘、地理国情监测、土地调查、海洋调查、地质调查、水资源调查、草原资源调查、森林和湿地资源调查等测绘、调查、监测类项目，将在部统一领导下组织实施和管理。国家在机构改革方案中考虑了原由于条块分割存在的重复投入、部门之间扯皮、数据标准不一、方法不一等弊病和矛盾，采取将原分散在多部门的自然资源调查、规划、监测监管等职能归口在一起，不失为一个好的决策。我国

地理国情监测迎来机制创新、体系创新和转型升级的大好机遇，同时也面临严峻的挑战。

地理国情监测将注入新的生机活力。一是有利于理顺各项有关调查的关系。在机构改革完成后，部门之间的"篱笆"将被拆除，很多长期存在的行业协调问题将会迎刃而解，"数（据）出多门"的情况也将最终得到解决。二是监测工作与登记确权、资源开发利用和监管以及有关规划编制与管理直接"挂钩"，将大大提升监测成果的权威性和社会利用价值，从而也大大提升地理国情监测工作的地位。三是有利于地理国情监测成果在相关行业的广泛应用，并促进与各部门监测成果和统计数据的融合。这些都是地理国情监测工作迫切需要解决的问题，新的机构改革为解决这些问题提供了极好机遇。

同时，地理国情监测也因机构改革面临新的挑战：地理国情监测需要与其他专题数据进行融合，要根据自然资源部职责，面向自然资源的调查、确权登记、监管，和有关规划编制、管理的需求，从顶层设计、监测重点、成果产品形式等方面对地理国情监测工作进行调整和优化。由于地理国情数据的丰富性和复杂性，各地机构调整后，与各专业调查工作及数据的协调整合会有一个过程，涉及标准统一、队伍协调、合理分工、数据共享等。自然资源部组织实施的各项自然资源确权调查工作需要地理国情监测提供更多的数据和技术服务。

五　建议

早在"十二五"末，原国家测绘地理信息局就提出"以普查带监测促转型""全面提升测绘地理信息保障能力，在服务国家重大战略和重大工程、生态文明建设、国土空间开发、社会治理、民生保障、国家安全等方面取得显著成效"的指导方针。新的形势将促使地理国情监测乃至测绘地理信息全方位工作的转型升级条件成熟、步伐加快。加快转型升级，是我国测绘地理信息工作者的使命与义不容辞的职责，要抓住这个良好机遇，积极应对挑战。

一是要有大局意识，统一认识。既要看到我国推行地理国情监测以来的成就和发展大方向，也要认真分析当前面临的机遇和挑战。尤其要有大局意识。要改进、完善顶层设计和监测方案，使地理国情监测更好地服务于自然资源的调查、登记确权、开发利用监管。大格局需要有更宽的视野，要站得更高，跳出原有行业思路局限，从国家整体利益角度思考问题，积极推进机制创新、体系创新，做好地理国情监测转型升级。

二是要进一步加强基础性研究工作。要研究新格局、新形势下地理国情监测的工作性质、建设目标、业务边界、管理模式和投入机制等，特别是要研究地理国情监测在国家自然资源的调查、登记确权、开发利用监管工作中的作用、地位及与其他有关工作的关系。

三是要充分发挥测绘地理信息专业技术优势。测绘地理信息技术、地理国情监测数据在自然资源管理中不可或缺，而且应用面更广、作用更大，要充分发挥测绘地理信息科技专长优势，引领统一技术标准制定、数据整合与建库、自然资源调查确权成果的可视化、自然资源时空数据云平台建设等有关各项工作。

四是加强人才交流和知识拓展。地理国情监测工作将与自然资源调查确权工作、资源管理、规划管理等工作结合更为紧密，要通过人才交流和知识拓展的途径，优化地理国情监测队伍人才结构和知识结构，拓宽知识面，包括学习自然资源管理所需要的基础知识，加强对地理学、地貌学、经济地理学、人文地理学、计量地理学的知识掌握和研究等。

参考文献

国家测绘地理信息局：《关于全面开展地理国情监测的指导意见》，2017。
国家发展改革委、国家测绘地理信息局：《测绘地理信息事业"十三五"规划》，2016。
李朋德、雷兵、高小明、杨铮：《地理国情监测技术体系建设和应用探索》，载库热西·买合苏提主编《测绘地理信息供给侧结构性改革研究报告（2016）》，社会科学文献

出版社，2016。

李维森：《地理国情常态化监测工作的思考》，库热西·买合苏提主编《新常态下的测绘地理信息研究报告（2015）》，社会科学文献出版社，2015。

刘芳：《在自然资源管理中发挥测绘地信技术作用》，《中国测绘报》2018年7月10日，第3版。

王春峰、陈常松主编《地理国情监测常态化业务应用探索》，测绘出版社，2017。

徐韬：《美国地质调查局访问记》，《新探索》2013年第2期。

徐永清、乔朝飞、刘利、阮于洲、宁镇亚：《测绘地理信息转型升级研究报告》，载库热西·买合苏提主编《测绘地理信息转型升级研究报告（2014）》，社会科学文献出版社，2014。

B.5
地理国情构建与监测

王 华 李雪梅 史琼芳 陈 庆*

摘　要： 本文介绍了地理国情概念提出的背景，对地理国情的内涵进行了深入阐述，指出构建和应用地理国情必须要有内容与指标体系和分析评价体系，详细说明了建立这两大体系的重点。结合地理国情的应用需求，总结了地理国情监测工作实施的一般规律性流程及提升监测工作效率的有效措施。

关键词： 地理国情　地理国情监测　内容与指标体系　分析评价体系

一　地理国情概念的提出

国情是某一个国家某个时期的基本情况，包括自然环境和自然资源状况、科技教育状况、经济发展状况、政治状况、社会状况、文化传统、国际环境和国际关系等七个方面，是国家制定与执行发展战略、发展政策的依据和客观基础。国家决策依赖于国情，只有准确、全面了解一个区域的国情，才能作出准确判断和决策。随着现代信息社会的发展，政府决策过程中对国情信息的全面性、精准性、科学性、可视性和预见性等方面的要求不断提高，单纯依靠传统统计、调查等方式获取的国情信息已不能很好地满足政府决策需求。

通常一个地区的人口数量、水资源总量、学校分布及数量、GDP等都

---

* 王华，湖北省测绘地理信息局基础测绘处处长，正高职高级工程师；李雪梅，湖北省航测遥感院高级工程师；史琼芳，湖北省测绘成果档案馆高级工程师；陈庆，湖北省测绘工程院工程师。

是国情。这些绝大部分都是以各种数字、表格、台账和文字来反映现状的，且都是层层上报统计而来的。这种以传统方式表达的国情比较概括抽象，各类要素之间的关系描述笼统、不够深入，不足之处主要表现为两个方面：一是从数据采集的角度来看，仅以简单的数字、表格和文字记录，数据容易遗漏和重复，统计结果也不一定准确；二是从数据使用的角度来看，数据和实物无法一一对应，对数据的真实性和可靠性难以判断，且不能形象直观地看出数据之间的联系。

例如，我国于20世纪80年代开始实施扶贫工作，目前已取得了举世瞩目的成就。但长期以来采用传统的统计上报方式，贫困居民数量不清、具体情况不明、扶贫项目针对性不强、扶贫资金指向不准等问题较为突出。为解决粗放扶贫工作中存在的问题，政府相关部门联合测绘地理信息部门开发了扶贫监测系统，针对不同贫困地区环境、不同贫困居民状况，运用先进科学的方式对扶贫对象进行精确识别定位（居住地点）、精细描述（致贫原因）、精确帮扶（针对不同致贫原因采用不同的脱贫方法）、精确管理（确保后续发展能力、稳定脱贫）等，为党中央和政府实施精准扶贫提供了有效的决策及管理支持。长期以来，测绘地理信息部门参与了较多地理国情监测领域的重大工程，如雷电监测、三峡库区生态安全监测、城市基本公共服务能力监测、典型城市群空间格局变化监测等，为经济社会重大决策提供了可靠的科学依据。我国测绘地理信息工作者结合长期的工作实践经验，提出并丰富完善了"地理国情"这一概念。

二 地理国情

地理国情是指通过地理空间位置和时间，将包括自然环境和自然资源状况、科技教育状况、经济发展状况、政治状况、社会状况、文化传统、国际环境和国际关系等在内的各类国情进行关联与分析，得出能够反映社会发展时空演变规律和内在关系的综合国情。地理国情的定义在外延上和国情是一致的，但其存在形式和表达方式较传统国情要更丰富、更复杂。

（一）对地理国情的理解与认识

地理国情是一个专有名词。目前，对"地理国情"这个概念仅从字面上理解，有两种不全面的认识。一种是简单地将"地理国情"理解为地理方面的国情，即和地理位置信息相关的国情信息；另一种理解为一般地理化的国情，即将国情抽象、简单地空间化。这两种认识都不能完全准确地表达"地理国情"的含义，具有一定的局限性和片面性，仅仅是地理国情的一个方面。

将一个地区的人口数量、水资源总量、学校数量、GDP 等国情转化为地理国情，首先需要对其进行时空化处理，一一对应到实物要素上。将各行业部门的专题数据（如林业部门的林地现状数据、环保部门的污染物排放监测点数据等）转化为地理国情，首先需要对其按照统一的技术规范和要求进行一致性处理，丰富完善其属性信息。但地理国情并不局限于此，通过时空化、可视化、精细化后，还需要作进一步分析评价，揭示国情之间的内在联系，反演历史情况或预测发展趋势。而这些分析评价结果正是政府部门、科研机构等用户迫切需求的。传统国情只有上升到地理国情的精细程度，将其反映的现象进行细化，有时空分布、有实物对应，其内部的关联关系才能体现出来，后续才能对其变化情况和变化趋势进行分析评价，更好地揭示其内在关系，进一步为决策服务。

因此，地理国情是时空化、可视化、精细化的国情，反映的国情信息更加准确、精细和形象，同时必须要揭示国情信息要素之间的内在相互关系。

（二）构建地理国情的基础

完整的地理国情由地理国情内容与指标体系和分析评价体系构成。内容与指标体系是对国情信息进行时空化、可视化、精细化的描述。分析评价体系用于揭示国情信息之间的内在关系。只有同时具备了这两大体系，才能确保构建地理国情的规范性和科学性，增强地理国情应用的可操作性，保障地理国情决策服务的可靠性和权威性。

1. 地理国情内容与指标体系

地理国情内容与指标体系是根据不同的需求，把相对独立、客观上又存在联系的若干地理国情内容，依据其各方面特征、相互关系等科学地加以分类和组合，并统一规定采集指标和要求。通过构建科学、统一的地理国情内容与指标体系，确保尽可能准确、科学地描述与表达纷繁复杂的地理国情，避免出现内容分类缺失而导致的片面性分析评价和选择性决策。

（1）多部门、跨专业融合，建立内容分类体系

构建地理国情内容分类体系，是根据需求将总目标从粗到细、从宏观到微观、从一般到具体进行层层分解，并对各分类加以定义说明。通过对地理国情内容进行分类描述与刻画，反映各分类要素特征及其之间简单的相互隶属关系，是对现实世界进行时空化、可视化、精细化表达的重要途径。地理国情包罗万象，不是一个行业或一个部门可以概括归纳的，需要多部门、跨专业融合，并结合实践不断修改、丰富完善，以确保内容分类的适用可行和科学性。

地理国情内容复杂、综合、动态变化，各分类要素之间关联较多，可采用非树形多层体系模式（与树形多层体系模式的最大区别是下一层级要素可以同时隶属于多个上层级要素）来建立。地理国情一般都包含多个分类层级，同一分类层级中的不同要素之间为并列关系，彼此之间不存在隶属关系。下一层级要素与其上层级要素之间存在直接或间接隶属关系，且下一层级要素可以同时隶属于多个上层级要素。

（2）统一规定采集指标要求

通过规定统一的采集指标和要求，可以保证信息获取的完整性和一致性。结合地理国情内容分类及其详细定义或说明，依据各分类的特征、相互关系等对其自然属性和管理属性进行归纳提取，确定统一、定量化的采集指标要求，即确定采集的质（属性）和量（度量）。地理国情的精细化需要通过各类属性来进行描述与刻画。因此在确定采集指标要求时，要遵循现行的国家标准或行业规范，尽可能全面采集各种属性，以确保对某一分类描述的完备性。

2. 地理国情分析评价体系

地理国情分析评价体系是应用系统化、综合化方法，结合应用需求和地理国情内容分类，构建评价指标体系并确定合理的指标权重，建立科学的评价模型，融合多部门专业知识和信息进行分析评价得出结论并加以运用。地理国情分析评价具有很强的系统性和复杂性，是深刻理解和客观认识地理国情的重要手段，是地理国情应用的关键支撑和决策基础。只有基于科学、合理的地理国情分析评价体系，才能确保分析评价结果准确、可靠，在后期形成观点明确、有实际意义的应用决策，充分满足政府部门管理和经济社会发展的需求。

（1）选取评价指标，构建评价指标体系

地理国情评价指标是反映地理国情现状或发展变化状况的基本要素，是从不同方面表达地理国情所具有的某种特性大小、状况的度量。如果没有科学的评价指标体系，无论获取的数据如何真实、客观、权威，采用的分析方法如何先进、科学，所得的评价结论必将偏离目标，从而影响最终的决策。因此，根据地理国情的应用目标，合理选取评价指标，构建一套科学的评价指标体系，是地理国情分析评价的前提，也是地理国情分析评价体系的核心。

地理国情本身复杂多样，各项评价指标的定义和选取较抽象，且在分析评价过程中地理国情也在不断变化发展，致使构建地理国情评价指标体系的难度较大、复杂性较强。因此，地理国情评价指标体系应遵守目的性、完备性、可操作性、独立性、显著性和动态性的原则，一般按照初步构建和筛选、定量筛选、合理性检验、反馈性验证的基本流程进行构建。

（2）研究各指标的内在关联，确定合理的指标权重值

指标权重值是用来描述评价指标之间相对重要性的大小。地理国情需求或应用目标不同，同一项指标针对不同应用目标的重要程度、可靠性、影响作用都不同，导致其指标权重值也会有所差异。研究地理国情各指标之间的相互影响和内在关联，合理确定各指标权重值，是进行地理国情分析评价的基础条件。地理国情各项指标权重值确定得合理与否，直接关系到地理国情分析评价结果的可信度，甚至影响到最终决策的正确性。

一般地，先将获取的各类指标进行一致化处理和无量纲化处理，消除指标间的差异性，使所有的指标都从同一角度来说明地理国情的状况。然后根据重要程度等对各评价指标从多方面进行影响因素分解，通过评价影响因素来确定单个指标的综合权重评价初值，再对指标权重进行归一化，确定其最终权重值。

（3）选择科学适当的分析方法，建立评价模型

科学适当的分析方法是衡量地理国情评价目标尺度或界限的手段，是确保单一地理国情数据向地理国情信息综合分析、关联分析转变的重要因素。选择科学适当的分析方法建立评价模型，将多个地理国情评价指标综合为一个整体的综合评价指标，确定综合评价指标值域范围与不同评价结果之间的对应关系，作为综合评价的依据。

在建立地理国情分析评价模型时，根据评价目标、评价单元、评价尺度等不同可以选择不同的分析评价方法。目前主要有线性加权综合法、非线性加权综合法、逼近理想点方法、模糊综合评价法、层次分析法和动态加权综合评价法等。各种模型方法都有各自不同的特点和适用情况。在实际中可以先将复杂的评价指标按层次分析法分解，再利用动态加权综合评价法、非线性加权综合法等相结合的方式建立分析评价模型。同时，还需要结合分析评价的实践，对选用的评价模型进行反演或预测验证，并不断修改补充、逐步完善，形成相对科学、合理的分析评价模型。

三　发挥地理国情的应用价值——地理国情监测

地理国情监测是指利用现代信息技术和资源，对地理国情信息进行动态获取、处理、统计、分析、评价及应用的过程。地理国情监测是充分发挥地理国情应用价值的重要手段，地理国情的应用贯穿于监测的全过程。

（一）地理国情监测一般流程

国外目前并没有"地理国情"这个概念，但许多国家和组织均已开展

了地理监测方面的项目或工程。例如，美国国家地理空间情报局（NGA）协助情报部门挑选、分析和发布地理空间信息；美国地质调查局（USGS）开展的"地理分析和动态监测计划（GAM）"；以及欧盟开展的全球环境与安全监测（GMES）项目等。获取的成果在一定程度上为政府部门及生态、资源、环境、军事等提供了服务。由于理解的局限性，这些工作只是对"地理的国情"进行了监测，服务政府及相关部门的范围并不是很广。但从数据的获取、统计、分析及有效应用这个角度来讲，这些工作与地理国情监测工作的一般性规律是一致的。

在长期的地理国情监测探索与实践中，笔者认为地理国情监测的实施应该从以下几个方面来考虑。

1. 根据监测目标初步构建两大体系

根据监测目标构建地理国情内容与指标体系和地理国情分析评价体系，是开展地理国情监测的基础和关键。监测目标是根据需求而产生的，不同层次的需求对应不同层次的目标，从简单到复杂主要包括一般基本需求、变化分析需求、实时监管需求、体系研究需求和演变预测预警需求等五个方面。结合明确的监测目标和应用需求，依托已有基础，层层分解监测目标和内容，依托多部门、跨专业的知识融合，初步构建地理国情内容与指标体系。选择科学适当的分析方法，遴选或扩充满足监测目标的具体评价指标，确定权重，建立评价模型，初步构建地理国情分析评价体系。

2. 根据内容与指标体系进行数据获取和处理

依据初步构建的地理国情内容与指标体系，明确需要获取的各类数据及资料，进行科学、严谨的数据处理，为后续的地理国情分析评价提供可靠、权威的数据基础保障。

（1）数据获取

地理国情监测所需的数据多源、丰富，主要包括历史数据、规划数据、现状数据等等。一般通过以下三种方式获取。一是直接获取，将专业的监测技术与地理信息技术相结合，通过遥感、激光雷达、物联网等技术手段与实地抽样调查相结合的方式，获取监测数据。同时要建立长效机制，对动态变

化进行实时监控，获取更新数据，全面满足各类地理国情监测工作的数据需求。二是间接获取，充分利用已有的地理国情普查、监测成果和基础地理信息数据资源，收集相关行业部门资料及其相关数据源资料，获取监测数据。三是直接获取与间接获取相结合的方式。

在获取监测数据时，一定要收集权威部门的专业数据，确保监测数据的精准性和可靠性。要将基础数据和合法、权威的专业数据充分融合，在此基础上开展的地理国情分析评价结果才是客观、可靠的，才能得到认可。

（2）数据处理

在实际地理国情监测工作中，收集的专业数据不一定符合地理国情监测的要求，如统计台账、没有坐标系的空间数据、示意性地图等。同时，收集到的多源数据异构性强，还有部分数据存在统计口径多、上报程序繁杂等情况，与真实数据存在一定差异。这就需要进行数据处理，即依据地理国情内容与指标体系，按照统一的要求和规范，通过格式转换、坐标转换、数据分类与提取、外业核查、数据编辑与整理等方法，对不同来源的数据资料进行甄别清洗、空间化和一致性处理，使所有数据基于统一的空间基准与实物空间分布一一对应，保持其时间尺度、空间尺度、粒度和概念的一致性。然后充分利用多专业融合知识进行数据加工和挖掘，对数据进行实物化处理，完善各类数据属性信息，客观、准确反映各种地理国情要素时空属性和管理属性，以满足监测的需求。

经过初步的数据处理，对一些内容指标进行简单的基本统计，可以获取满足一般性需求的地理国情信息。比如，全国土地调查、水利普查等各种行业调查，在获取数据后，通过基本统计，向社会公布行业相关要素的面积、数量等信息。快速的数据获取与处理，可以实时掌握地理国情的变化情况，满足重要地理国情实时监管的应用需求。比如，对工业废水偷排偷放、桔秆焚烧等进行实时监测、快速数据获取与处理，可以对此类污染破坏恶性事件的发生进行及时预警和处理。

3. 根据分析评价体系，进行评价指标计算，开展分析评价

根据初步构建的地理国情分析评价体系，对获取、处理后的地理国情监

测数据进行评价指标计算和分析评价，获取评价结果。首先对监测数据进行提取、重构等预处理，根据评价模型对单项评价指标进行计算。然后联合各单项指标权重值，进行综合评价指标计算。最后根据综合评价指标值域范围与不同评价结果的对应关系评定具体结果。地理国情分析评价一般表现为两种情况：一是对地理国情的现状进行整体评价，二是对地理国情的变量及变化趋势进行评价。结合评价结果，融合知识和信息对其现状或变量进行分析，形成统计分析报表、专题图、专家辅助分析结论等形式的评价结论。针对不同情况，可设计开展多层次的地理国情分析评价，主要有统计分析评价、对比分析评价和辅助决策分析评价等。

地理国情分析评价涉及的因素较多，评价过程常包含着很大不确定性，往往由于某一个指标缺失或权重值不合理、分析方法不适合等导致分析评价结果与实际情况千差万别。因此，开展地理国情分析评价是监测工作的难点所在。

4. 实践验证与完善

地理国情内容与指标体系和地理国情分析评价体系需要在实际监测工作中进行实践验证并不断完善。要紧密结合项目综合评价的应用实践，根据科技进步、环境条件、思想认识的不断发展，对已有内容与指标体系的分类及采集指标进行充实、完善，对已有分析评价体系进行反演或预测验证。要充分吸收利用各学科最新的技术手段和科技成果，不断更新相关知识和研究方法，调整、丰富和完善分析评价模型，辅助完善决策系统，构建决策研究的相关分析模型库、知识库等，为决策目标提供全方位、多层次的决策支持和知识服务，为政府部门提供决策依据。从这个角度讲，地理国情监测工作的实施是一个螺旋式上升发展的过程：构建体系—实践验证—完善体系—实践运用。对内容与指标体系和分析评价体系的构建及不断完善进行研究，具有较强的综合性和复杂性，是地理国情监测工作的关键环节，这类体系研究需求是研究机构、高等院校等应重点关注的领域。也只有依托知识密集、高端技术密集的研究机构和高等院校，才能更好地在实践中完善地理国情的两大体系。

5. 决策服务

决策服务是地理国情监测的最终目的。通过需求分析与体系构建、数据获取与处理、分析评价、实践验证等工作，得到了多种表现形式的成果结论。给政府宏观决策、部门管理和公众提供优质的地理国情信息服务，仅仅依靠单纯的图表或一串结论数字是不可行的，需要将获得的成果结论融合经验知识，挖掘各影响因子的相互作用及内在联系，对地理国情进行演变预测预警分析，从而推演出变化趋势，预测这些变化给经济社会等方面带来的明显影响，最终确保重大工程建设、重要决策的科学性。通过决策服务，形成观点明确、有实际意义的应用建议，让地理国情监测成果充分满足应用部门和经济社会发展的需求，回归地理国情监测服务决策的本质。

（二）采取有效措施，提升监测工作效率

1. 开展常态化监测工作，提高数据获取效率

开展常态化监测工作，获取构建地理国情所需的公共性、基础性要素，提高地理国情监测的数据获取效率。首先，公共性、基础性要素作为构建地理国情的公共底图数据，既便于其他部门开展行业调查、监测时直接引用，也便于和行业部门专题数据进行快速融合，形成符合行业监测需求的时空化、精细化的专题监测数据，避免了由于权属管理等可能导致的数据偏差，降低了数据获取成本。其次，公共性、基础性要素基于统一的时间基准和空间基准，确保了监测结果的一致性和准确性，且通过常态化监测定期更新维护，保证了数据的鲜活性，便于快速、及时获取数据。

目前，我国已开展了此类常态化监测工作。比如，测绘地理信息部门基于第一次全国地理国情普查开展的基础性监测，获取了一系列丰富、客观真实的基础性数据成果，在自然资源资产管理、精准灭荒、生态保护红线划定等方面发挥了作用。但其内容分类体系还有待完善，以便更好地满足公共性、基础性需求。

2. 建设专业型地理国情监测平台，促进信息共享

　　建设专业型地理国情监测平台，提高数据管理和智慧化分析能力，促进信息集成共享，提升监测工作效率。首先，专业型监测平台基于统一的空间基准，对纷繁复杂的地理国情数据进行时空化、可视化的汇集管理与分发，既提高了数据管理能力，也能为行业部门提供全面、详细的基础性、公共性数据服务。其次，监测平台采用高性能的地理空间分析技术、统计分析技术，不仅提高了数据智慧化分析能力，提升了地理国情分析评价效率，还便于建立适用不同专业的数据分析评价模型，为行业部门提供可靠的评价结论服务。最后，依托专业型监测平台，结合各行业日常业务开展的需求，集成平台中基础、通用和关键的技术及功能，可便捷、高效地搭建面向部门监测需求的信息系统。同时，通过部门间信息高效集成共享，促使各行业各部门从技术手段、信息交换、应用需求等方面进行全面融合，进而提升地理国情监测工作效率。

四　展望

　　未来的大国竞争更多的是决策竞争，决策的正确性和科学性建立在对精准国情进行科学分析的基础之上。"9·11"事件之后，美国由于种种原因仅选取了满足某些利益群体需求的部分指标进行分析评价，并依据片面的分析评价结果作出了错误的国防、军事部署决策，从而卷入一系列无意义的战争，对其国内多年的社会发展造成了很大负面影响。地理国情这一概念的提出及完善，是测绘界对提高国家管理决策能力的巨大贡献。开展和加强地理国情监测工作，既是贯彻落实五大发展理念和生态文明建设战略决策的客观要求，也是国家制定长期宏观调控、经济决策等战略的重要保障。测绘地理信息部门应该以开放的心态充分融合行业部门的技术手段和成果，不断推进各行业部门建立监测体系，在实践中不断完善地理国情内容与指标体系和分析评价体系，为政府决策的正确性提供有效支撑和保障，从而进一步提升党和政府科学民主依法决策的水平，促进国家治理能力现代化，为实现中华民族伟大复兴的中国梦打下坚实基础。

参考文献

库热西·买合苏提：《发挥地理国情监测在生态文明建设中的作用》，《中国党政干部论坛》2016 年第 6 期。

黎夏、李丹、刘小平：《地理模拟优化系统（GeoSOS）及其在地理国情分析中的应用》，《测绘学报》2017 年第 10 期。

李维森：《地理国情普查、监测与展望》，库热西·买合苏提：《测绘地理信息转型升级研究报告》，社会科学文献出版社，2014。

彭张林、张强、杨善林等：《综合评价理论与方法研究综述》，《中国管理科学》2015 年第 23 期。

屈颖、巩垠熙、陈思宇等：《地理国情评价体系构建及应用初探》，《测绘标准化》2017 年第 3 期。

王华、陈晓茜：《地理国情监测的需求研究》，库热西·买合苏提：《测绘地理信息转型升级研究报告》，社会科学文献出版社，2014。

王华、陈晓茜：《雷电地理国情监测的实践与探索》，徐德明：《中国测绘地理信息创新报告》，社会科学文献出版社，2012。

王华、陈晓茜、石婷婷：《雷电监测系统》，《地理空间信息》2012 年第 4 期。

王华、洪亮、周志诚等：《地理国情监测的应用分析和对策》，《地理空间信息》2016 年第 1 期。

B.6
机构改革后测绘地理
信息业务调整的思考

乔朝飞 *

摘　要：　本轮国家机构改革后，测绘地理信息工作面临许多新的机
　　　　　遇和挑战。本文指出测绘地理信息工作融入自然资源管理
　　　　　工作是必然趋势，分析了新时代测绘地理信息工作的定位、
　　　　　测绘地理信息五大公益性业务今后的发展方向，明确了机
　　　　　构改革后测绘地理信息工作服务自然资源管理的新业务。

关键词：　国务院机构改革　测绘地理信息　自然资源管理　业务

2018 年 3 月，中共中央印发了《深化党和国家机构改革方案》（以下简
称《改革方案》）①，拉开了新一轮党和国家机构改革的大幕。此次党和国家
机构改革是在我国进入新时代的大背景开展的一项涉及长远的大事。《改革
方案》中要求，组建自然资源部，不再保留国家测绘地理信息局。2018 年 8
月，中共中央办公厅、国务院办公厅印发了《自然资源部职能配置、内设
机构和人员编制规定》（以下简称《自然资源部"三定"方案》）②，明确了

＊　乔朝飞，自然资源部测绘发展研究中心，博士，研究员，研究方向为测绘地理信息发展战
略、规划与政策。
①　中共中央：《深化党和国家机构改革方案》，2018，http：//www. gov. cn/zhengce/2018 – 03/
21/content_ 5276191. htm#1。
②　《自然资源部职能配置、内设机构和人员编制规定》，http：//www. 360doc. com/content/
18/0814/15/32425336_ 778209421. shtml。

自然资源部的职能、内设机构和人员编制。新形势下，融入自然资源工作大局的测绘地理信息工作如何重新定位，以适应新时代的要求，更好地为自然资源工作提供服务，是一个迫切需要回答的问题。本文试图对上述问题进行初步分析。

一 测绘地理信息工作融入自然资源工作是必然趋势

组建自然资源部，是生态文明制度体系建设中一项重要的具体举措。《改革方案》中明确指出，组建自然资源部的目的是"统一行使全民所有自然资源资产所有者职责，统一行使所有国土空间用途管制和生态保护修复职责，着力解决自然资源所有者不到位、空间规划重叠等问题"。自然资源部的主要职责是："对自然资源开发利用和保护进行监管，建立空间规划体系并监督实施，履行全民所有各类自然资源资产所有者职责，统一调查和确权登记，建立自然资源有偿使用制度，负责测绘和地质勘查行业管理等。"《改革方案》规定自然资源部同时行使自然资源资产所有权职责和自然资源管理职责。从国外自然资源管理的实践看，通常的做法是在负责自然资源管理的部门内部设立自然资源监管机构①。为解决内部监督所产生的中立性不够问题，一般会通过司法监督和社会公众监督的方式来弥补②。

自然资源部各项职责的履行，对测绘地理信息工作提出了许多新的要求和需求，需要测绘地理信息工作提供有力支撑。具体分析将在后文中阐述。

国务院 2007 年印发的《关于加强测绘工作的意见》（国发〔2007〕30号）开篇即点出了测绘工作的定位："测绘是经济社会发展和国防建设的一项基础性工作。"近十年来，测绘地理信息工作的范围已经大大拓展。地理

---

① 国土资源部信息中心课题组：《国外自然资源管理的基本特点和主要内容》，《中国机构改革与管理》2016 年第 5 期。苏轶娜、王海平：《俄罗斯自然资源管理体制及其启示》，《中国国土资源经济》2016 年第 5 期。

② 国土资源部信息中心课题组：《国外自然资源管理的基本特点和主要内容》，《中国机构改革与管理》2016 年第 5 期。

国情监测、应急测绘、服务空间性规划"多规合一"和自然资源审计等，使得测绘地理信息工作的定位发生了变化，已逐渐由原来的基础性工作拓展为直接参与经济社会发展的相关领域。自然资源部的成立，大大扩展了测绘地理信息工作的范围，测绘将会更多地参与到自然资源工作的方方面面。同时，测绘地理信息工作原有的一些核心内容也将进一步增强，如维护测绘基准、建设全球地理信息资源、服务国防建设等。

二　测绘地理信息原有五大公益性业务分析

国家发展改革委、原国家测绘地理信息局2016年印发的《测绘地理信息事业"十三五"规划》确定了"十三五"时期测绘地理信息五大公益性业务，即新型基础测绘、地理国情监测、应急测绘、航空航天遥感测绘和全球地理信息资源开发①。新的形势下，这五大业务将进行适当调整。

一直以来，基础测绘都是测绘部门的立业之基。新型基础测绘是原有基础测绘的转型升级，其内涵仍在探讨之中②。按照《测绘法》的要求，基础测绘今后仍将继续开展。为更好地适应新一代信息技术的发展，基础测绘的主要任务是维护全国统一的测绘基准和测绘系统，更新国家基础地理信息系统，不再像以往那样过多地强调测制基本比例尺地形图。近年来，信息和通讯技术（ICT）迅速发展。在ICT时代，地图的种类拥有更多的可能性，如动态地图、三维地图、虚拟现实地图，等等③。基础测绘要适应ICT技术的发展，创新基础地理信息产品的采集方式，创新产品形式和种类④。今后，基础测绘实施的主体仍然以测绘地理信息生产单位为主。

机构改革后，地理国情监测应与自然资源调查监测进行融合。根据

① 国家发展改革委、国家测绘地理信息局：《测绘地理信息事业"十三五"规划（发改〔2016〕1907号）》，2016。
② 乔朝飞：《基础测绘刍议》，《地理信息世界》2017年第5期，第8~12、41页。
③ 郭仁忠、应申：《论ICT时代的地图学复兴》，《测绘学报》2017年第10期。
④ 乔朝飞：《测绘地理信息部门信息化建设的有关思考》，《测绘与空间地理信息》2018年第6期。

《自然资源部"三定"方案》①，自然资源部负责自然资源调查监测评价，实施自然资源基础调查、专项调查和监测；定期组织实施全国性自然资源基础调查、变更调查、动态监测和分析评价；开展水、森林、草原、湿地资源和地理国情等专项调查监测评价工作。可见，地理国情监测属于自然资源调查监测中的专项监测。自然资源调查监测重点关注"山水林田湖草"等自然资源的数量、质量、分布等状况。相比之下，开展地理国情监测的主要目的是分析各类自然和人文地理要素之间的相互关联和因果关系。因此，地理国情监测工作应围绕"一带一路"、京津冀协同发展、长江经济带建设等国家重大战略开展专题性监测，为政府决策提供依据②。

应急测绘近年来的作用日益彰显。《改革方案》中要求，组建应急管理部，整合优化应急力量和资源。《自然资源部"三定"方案》中明确地理信息管理司负责"提供地理信息应急保障"③。因此，今后应急测绘仍将属于测绘地理信息工作的一部分，实施主体依然是测绘地理信息生产单位和企业。

航空航天遥感测绘原来是作为获取基础地理信息数据源的主要技术手段，今后将主要为地理国情监测和自然资源管理工作服务。国家测绘地理信息局撤销后，航空航天遥感测绘工作将由自然资源部统筹安排，原有专门从事航空航天遥感测绘的有关机构将会进行整合，以避免重复生产，发挥机构的合力。

全球地理信息资源开发业务标志着测绘地理信息工作由国内向全球的拓展。习近平总书记在党的十九大报告中指出，中国将推动构建人类命运共同体，继续发挥负责任大国作用，积极参与全球治理体系改革和建设。为此，要前瞻性地加快开展全球地理信息资源开发，为我国在国际舞台上发挥应有

---

① 《自然资源部职能配置、内设机构和人员编制规定》，http：//www. 360doc. com/content/18/0814/15/32425336_ 778209421. shtml。

② 国家发展改革委、国家测绘地理信息局：《测绘地理信息事业"十三五"规划（发改〔2016〕1907号）》，2016。

③ 《自然资源部职能配置、内设机构和人员编制规定》，http：//www. 360doc. com/content/18/0814/15/32425336_ 778209421. shtml。

作用提供支持。《自然资源部"三定"方案》中明确了国土测绘司负责组织实施全球地理信息资源建设重大项目。目前，测绘地理信息部门正在开展的全球地理信息资源建设尚未涉及海洋地理信息资源。而海洋是极为重要的自然资源，《自然资源部"三定"方案》中明确了海洋是自然资源资产之一。因此，在未来全球地理信息资源建设中，要逐步把海洋地理信息资源建设纳入。

三　机构改革后测绘地理信息工作的新业务

机构改革后，测绘地理信息工作的业务重点将发生极大变化，除了上述五大公益性业务以外，参与自然资源管理将成为测绘地理信息工作的一项新的重要任务。根据《改革方案》，自然资源部有三大职责，即统一行使全民所有自然资源资产所有者职责、统一行使所有国土空间用途管制职责和统一行使生态保护修复职责，在职能上实现"五统一"，即统一调查评价、统一确权登记、统一用途管制、统一监测监管、统一整治修复①。测绘地理信息工作在自然资源调查监测、自然资源确权登记，以及空间性规划"多规合一"中都将发挥重要作用。

（一）服务自然资源调查监测

自然资源的内涵有广义和狭义之分。广义的自然资源包含自然形成的所有物质资源和能量资源，狭义的自然资源仅指法律规定并授权的范围②。《自然资源部"三定"方案》中共列举了七种自然资源，即土地、矿产、森林、草原、湿地、水、海洋③。自然资源调查监测是自然资源管理的重要

---

① 董祚继：《关于新时代自然资源工作使命的思考》，《中国国土资源报》2018年4月9日。
② 国土资源部咨询研究中心：《关于当前自然资源管理中几个基本问题的研究》，《中国自然资源报》2018年6月9日，第6版。
③ 《自然资源部职能配置、内设机构和人员编制规定》，http：//www．360doc．com/content/18/0814/15/32425336_778209421．shtml。

基础性工作。从诸多国家的经验看，开展自上而下的资源调查是国家事权，目的是保证国家战略的贯彻实施①。自然资源调查监测是指查明某一地区资源的数量、质量、分布和开发条件，提供资源清单、图件和评价报告，为资源的开发和生产布局提供第一手资料的过程。《自然资源部"三定"方案》中明确自然资源部负责实施自然资源基础调查、专项调查和监测。

在自然资源调查监测过程中，需要统筹制定各类自然资源调查标准，统一自然资源分类，形成自然资源"一张图"，以便全面、准确掌握我国自然资源"家底"。在自然资源调查监测中，主要采用遥感影像判读解译和实地调查相结合的方法，测绘、遥感等技术将在其中发挥重要作用。事实上，第一次全国地理国情普查的内容中包含了种植土地、林草覆盖、水等自然资源要素，是开展自然资源综合调查监测的重要基础。未来，自然资源调查监测宜将土地调查、地理国情普查等数据进行融合，统一调查指标和统计的标准和规范，实现自然资源调查监测的"一本账"。

（二）服务自然资源确权登记

自然资源统一确权登记是自然资源资产产权保护的基础。2016 年 12 月，原国土资源部、中央编办等七部门联合印发《自然资源统一确权登记办法（试行）》（国土资发〔2016〕192 号）。未来，在不动产统一登记基础上，将推进所有自然资源和不动产的统一确权登记，实现登记机构、依据、簿册和信息平台"四统一"。

在进行自然资源确权登记时，需要确定自然资源的坐落、空间范围、面积、类型以及数量、质量等自然状况。这些信息的获取，都需要利用测绘地理信息技术手段和方法。此外，测绘地理信息还能够在建立自然资源和不动产登记信息管理平台方面发挥重要作用。

---

① 国土资源部咨询研究中心：《关于当前自然资源管理中几个基本问题的研究》，《中国自然资源报》2018 年 6 月 9 日，第 6 版。

（三）服务空间性规划"多规合一"

统一的空间性规划既是国土空间用途管制的基本依据，也是国土空间用途管制的重要手段①。此次机构改革将空间性规划编制相关部门的职责统一纳入自然资源部，从而避免了各个空间性规划相互"打架"的弊端。党的十八届三中全会通过的《中共中央关于全面深化改革若干重大问题的决定》提出：建立空间规划体系，划定生产、生活、生态空间开发管制界限，落实用途管制。未来将以主体功能区规划为基础，形成全国统一、定位清晰、功能互补、统一衔接的空间规划体系，市县层面实现"多规合一"。《自然资源部"三定"方案》明确自然资源部"负责建立空间规划体系并监督实施"②。

2014 年，全国 28 个市县开展了"多规合一"试点工作。2016 年，国家选取吉林、浙江等 9 个省份开展省级空间规划试点。上述省市的测绘地理信息部门深入介入"多规合一"的具体实践，在其中发挥了重要作用。未来，测绘地理信息工作将在以下几个方面参与"多规合一"工作③。一是服务规划基础统一，对各类空间规划的空间基准进行统一。二是服务空间规划底图编制，将资源环境承载力评价和国土空间开发适宜性评价结果与地表现状分区数据叠加，通过遥感等测绘技术手段，划定"三区三线"（"三区"指生产、生活、生态三类空间，"三线"指生态保护红线、城镇开发边界、永久基本农田）。三是搭建信息管理平台，借助测绘地理信息技术，搭建空间规划管理信息平台，应用于规划管理各项工作中。四是评估规划实施情况，在实施过程中，利用测绘地理信息技术手段评估监测规划的实施状况。

---

① 董祚继：《关于新时代自然资源工作使命的思考》，《中国国土资源报》2018 年 4 月 9 日。
② 《自然资源部职能配置、内设机构和人员编制规定》，http：//www. 360doc. com/content/18/0814/15/32425336_ 778209421. shtml。
③ 刘芳：《在自然资源管理中发挥测绘地信技术作用》，《中国测绘报》2018 年 7 月 10 日，第 3 版。

四　结语

新时代对测绘地理信息工作提出了新要求和新需求。测绘地理信息工作要满足新要求，就必须调整工作思路，始终秉承服务宗旨，切实扭转只重视数据生产的思路，深化供给侧结构性改革，切实提供与社会公众需求紧密结合的产品和服务。为此，必须大力加强能力建设，尤其是技术方面的能力建设。围绕自然资源调查监测和确权登记、国土空间用途管制等领域，创新相关的测绘技术，改造技术流程，提高工作效率，继续为经济建设、社会发展、自然资源管理等提供有力服务。

地　方　篇

Practice of Several Provinces

B.7

北京市地理国情监测工作的有关思考

李节严*

摘　要： 地理国情监测通过地理信息与多维度经济社会信息的融合，
　　　　　反映城市资源、环境、生态、经济和社会等要素的空间分布
　　　　　规律，服务国家重大决策制定和实施。北京市在地理国情监
　　　　　测实践工作中，通过"四进"制度保障，实现了地理国情常
　　　　　态化监测。本文通过对北京市地理国情监测工作体系的梳理，
　　　　　结合典型成果应用分析研究，强调了监测工作的战略地位，
　　　　　围绕服务首都的规划实施和新型城市发展需求，总结了进一
　　　　　步开展北京地理国情工作的政策建议，主要包括：紧紧围绕
　　　　　实施新版总体规划开展监测，紧紧围绕需求服务开展监测，
　　　　　探索开放式、主动式监测，探索监测新技术、新方式。

* 李节严，北京市勘察设计和测绘地理信息管理办公室副主任，政工师。

关键词： 地理国情监测　工作体系　成果应用

地理国情监测作为全面提升城市规划和战略决策的科学方法和核心参考，为北京市疏解非首都功能、生态文明建设以及精细化城市管理提供了重要的参考依据。首次普查关于北京 1.64 万平方千米范围内的地表自然和人文地理以及其他重要地理国情要素信息，查清了自然和人文地理要素的现状和空间分布情况，分析了要素之间的相互关系，已广泛应用于总体规划修编、城市副中心规划建设、冬奥会冬残奥会规划建设、疏解整治促提升专项行动等。本文从北京市地理国情监测现状研究着手，分析了典型的案例应用，结合北京市的工作实践，从地理国情监测的战略意义和未来发展及应用方向进行初步探索，并提出政策建议。

一　北京市地理国情监测背景

"十二五"开局之年，国家测绘地理信息主管部门结合当前测绘领域的发展形势，通过组织专家研讨和科学论证，创造性地提出了开展地理国情监测这一命题，这是推动我国可持续发展的重大举措，是时代赋予测绘地理信息部门的新使命，也是测绘发展的一次深刻变革和测绘转型的大好时机。2010 年 12 月，李克强总理对测绘工作作出了重要批示，正式吹响了我国全面开展地理国情监测的号角。2013 年，国务院发布关于开展第一次全国地理国情普查的通知，对普查对象、内容、时间、组织和实施原则等作出具体安排。2013 年 8 月，张高丽副总理在第一次全国地理国情普查电视电话会议上揭示了地理国情普查的目的，明确了地理国情普查的要求，并阐明了地理国情普查的意义。地理国情普查是一项重大的国情国力调查，是全面获取地理国情信息的重要手段，是掌握地表自然、生态及人类活动基本情况的基础性工作。地理国情监测是对地理国情动态变化的监测和分析。开展地理国情普查与监测，是对测绘工作的传承与发展，也是《测绘法》赋予测绘部门的重要职责，是基础测绘工作在新时期的深化①。北京市按照国务院的要求，以 2015 年 6 月 30 日为标准时点，历时三年，共投入 1000 余名普查人员，在叠加了各委办局专题数据的基础上，采用高分辨率航空航天遥感影像，形成了全覆盖、无缝隙、高精度的地理国情数据，建成了数据量达 5TB 的数据库，形成《北京市第一次地理国情普查公报》②。

根据新修订的《测绘法》的有关规定，按照国务院关于地理国情监测的有关部署和原国家测绘地理信息局的具体要求，北京市已实现地理国情常态化监测和普查成果的常态化更新维护。

二 北京市地理国情监测工作现状

（一）以"四进"保障监测工作实施

北京市积极落实地理国情监测"进法律、进预算、进规划、进职责"的要求，从法规、规划、职能、经费方面保证了北京市地理国情监测工作的正常开展。

一是"进法律"。2017 年 4 月修订的《测绘法》规定，"县级以上人民政府测绘地理信息主管部门应当会同本级人民政府其他有关部门依法开展地理国情监测，并按照国家有关规定严格管理、规范使用地理国情监测成果"。北京市测绘地理信息主管部门及时向市有关部门、各区政府和社会广泛宣传新《测绘法》，同时积极向市人大、市政府法制办汇报沟通启动修订《北京市测绘条例》工作。市人大已同意 2018 年开展修订《北京市测绘条例》调研工作，2019 年列入地方法规修订计划。

二是"进预算"。根据国务院 9 号文、北京市政府《关于开展第一次全市地理国情普查的通知》（京政发〔2013〕31 号）等文件精神，北京市地

---

① 谢明霞：《地理国情复杂系统及其区划研究》，武汉大学博士学位论文，2016。
② 《北京市第一次地理国情普查公报发布 首亮地理"家底"》，http://bj.people.com.cn/n2/2018/0209/c82840-31242063.html。

理国情监测经费已自 2017 年开始列入市财政预算。

三是"进规划"。《北京市测绘地理信息"十三五"发展规划》明确提出，"建立北京市地理国情常态化监测的内容指标、技术规范、工艺流程。形成北京市地理国情常态化监测系统，构建地理国情信息时空数据库，建立地理国情信息在线服务平台。建立地理国情常态化监测部门协作、成果发布机制"。

四是"进职责"。北京市编办在成立北京市勘察设计和测绘地理信息管理办公室（以下简称"市勘设测管办"）的批复中明确了"负责权限范围内的地理国情监测"的职能。

（二）全面实现地理国情常态化监测

1. 北京市地理国情监测工作概况

2013～2016 年，北京市圆满完成第一次地理国情普查，摸清了北京市自然地理和人文要素数据家底，建立了地理国情数据库，开展了统计分析。同时，按照"边普查、边监测、边应用"的要求，完成了城乡用地监测、城六区排水管网监测、地表形变监测、首都经济圈重要地理国情要素监测、城市地表下垫面变化监测、浅层地下水监测等 6 个专题监测，完成了京津冀协同发展重要地理国情监测、全国地级以上城市及典型城市群空间格局变化监测等 2 项国家监测项目相关监测任务。

2. 北京市地理国情监测体系建设

为保证普查成果的动态更新维护，北京市自 2017 年起开展地理国情常态化监测。

监测的目标：利用高分辨率卫星影像、航空航天遥感影像数据、基础地理信息数据和其他专题数据等，按照统一标准和技术要求，开展地理国情常态化监测，分析监测内容的变化情况、研究变化规律，建立常态化地理国情时空数据库、统计分析报告和地方标准，揭示经济社会发展和自然资源环境的空间分布规律，努力构建以地理国情普查监测等数据为公共基底的"多规合一"空间平台，为首都发展战略规划、公共安全、生态环境、资源配置和公众服务提供地理信息数据保障。

监测的重点：结合首都功能定位，注重生态文明建设，治理"大城市病"等，在国家基础性监测的基础上，围绕房屋建筑、城乡规划用地、交通设施、水务设施和生态环境等五大专题，构建北京市地理国情监测指标体系。

监测的主要内容：2017 年度优于 1 米分辨率遥感正射影像数据生产，地表覆盖分类及地理国情要素监测数据内业采集，地表覆盖分类及地理国情要素监测数据内业编辑整理，外业调查与核查，遥感解译样本数据生产，监测元数据成果生产，应用系统维护，统计分析，相关报告编写。

（三）监测工作的创新成果

经过几年的监测，获得了海量地理国情数据，建成了数据库和信息系统，形成一批重要的监测成果。

1. 文档资料

北京市地理国情常态化监测（2017 年度）"实施方案""内容与指标""工作总结""技术总结""内业作业专业技术设计书""外业调查与核查专业技术设计书""外业调查底图制作专业技术设计书""元数据制作专业技术设计书""正射影像处理专业技术设计书""遥感解译样本专业技术设计书"、二级质量检查报告、成果质量检查验收报告等。

2. 数据成果

遥感正射影像数据、地表覆盖和地理国情要素监测成果数据、外业调查数据（主要包括外业路线、实地照片、调绘成果等）、遥感解译样本数据成果、元数据成果。

3. 统计分析、报告及标准成果

统计分析数据集、统计分析报告、图件成果、各项监测报告，发布《地理国情信息内容与指标》《地理国情信息外业调查与核查技术规程》《地理国情信息内业采集与编辑技术规程》3 个地方标准。

（四）成果应用转化支撑决策实践

地理国情普查监测成果为城市总体规划修编、冬奥会冬残奥会规划设计、城市副中心建设、疏解整治促提升专项行动、老城保护、北京新百万亩造林等重点工作、重大项目提供了翔实准确的数据支撑。

2017年6月，国家测绘局库热西局长在城市地理国情监测工作交流会上对北京地理国情监测工作给予高度评价。他指出，北京市在打击违法用地违法建设专项行动中，利用地理国情和城市规划数据叠加分析，准确掌握了各类违规建设的用地数量和空间分布，显著提高了拆违工作效率和精准程度。各地要借鉴这些成功经验，通过开展城市地理国情监测，为统筹城市空间布局，开展环境容量和城市综合承载能力评价，确定城市功能定位和规模、控制城市开发强度、科学划定城市开发边界等提供基准统一、系统全面的基础支撑。

2018年1月，陈吉宁市长主持召开了第175次市政府常务会议，听取地理国情普查监测工作汇报。陈市长指出，这项工作极其重要，数据来之不易，花了大量的精力，很珍贵，调查人员很辛苦，对这项工作表示充分肯定。隋振江副市长也指出，地理国情监测数据实际上已经用于北京城市总体规划。

三 北京市地理国情监测典型案例分析

北京市的地理市情监测是一项长期的系统工程，并且具有覆盖面广、技术标准复杂、项目周期长等特点。这一过程中，需要不断通过新技术的研发和技术成果的应用加强专题数据资源的整合，实现多部门的沟通协作，形成一个信息共享的有效联合机制①。

---

① 虞欣、杨伯钢、晁春浩等：《北京市地理国情普查试点的实践》，《测绘通报》2014年第6期，第102~104页。

（一）城乡规划用地监测

面向城乡规划，开展城乡规划用地演变与分析。面向城乡规划用地专题普查和用地演变分析需求，建立一套城乡规划用地处理与分析的方法体系，基于此方法体系进行规划用地数据处理和分析功能设计，开展处理模型和分析模型的研究与开发，通过开发本系统实现对数据的处理分析和工具的集成；研究分析土地利用现状分类和城乡规划用地分类标准衔接方法，完善规划用地的属性信息、分析各类要素之间的相互关系，建立基于城乡规划用地分类标准的现状用地图层，摸清用地后备资源，盘活用地，为总体规划修改工作提供规划、国土"两规合一"现状信息。

完成了城乡规划用地演变与分析数据集及分析，包括土地利用现状分类和城乡规划用地分类标准衔接方法、基于城乡规划用地分类标准的现状用地图层及数据处理分析和工具，服务城乡规划用地管理决策。

（二）城六区排水管网监测

对城六区城市道路排水管线的种类、平面位置、流向、高程、管径、材质、埋深及构筑物附属物等信息进行普查，形成城六区的城市道路排水管线数据，摸清地下排水管线的底数，服务于城市规划管理。

调查监测城六区约 7900 千米排水管网数据成果，了解地下排水管线现状和能力，为城市防治内涝和地下空间开发利用提供了数据基础。

（三）地表形变监测

为深入、系统地掌握北京地面沉降现状和发展趋势，利用北京 cors 站对 76 个水准点位开展 19 个时段连测（每时段 24 小时），开展 1720 千米水准外业观测，利用 2014～2016 年 3 期、每期 25 景 COSMO-SkyMed 雷达数据进行沉降分析，对北京市东部沉降等重点区域开展地表形变监测，获取准确、翔实的监测数据，总结地面沉降发展规律。形成了 2015～2016 年两个年度全市重点区域地表沉降量和沉降量等值线图，服务于重点区域和重点工程。

（四）首都经济圈监测

围绕首都经济圈协同发展中的生态环境、国土空间格局等，对 1992 ~ 2015 年期间首都经济圈自然生态、道路网络及设施、重点污染源、城市形态及结构、城市空间扩展等监测进行空间变化分析与评价。

监测分析多个年份首都生态环境和城市空间格局的首都经济圈重要地理国情要素监测成果，服务于首都生态环境和城市空间格局。

（五）海绵城市下垫面变化监测

收集 2012 年和 2015 年的 0.2 米、0.5 米高分辨率航空影像、数据、大比例尺地形图、国情普查数据，以影像、地形图、国情普查数据为基础生产 2012 年和 2015 年城六区下垫面数据；然后通过空间分析等方法对比两年的数据，按照行政区划、自然和社会经济区域单元、规则格网等统计各类下垫面的变化情况，分析变化原因，为北京市海绵城市建设提供数据基础和支撑。

形成城市下垫面变化监测成果，得到业务主管部门的重视，计划深入研究和落实相关建议。

（六）浅层地下水监测

浅层地下水动态监测包含浅层地下水有关数据指标的监测工作和专业分析及动态预测工作，是以水文地质为基础、以多学科专业技术为支撑，保障城市建设和运行安全、生命安全、环境安全的一项基础性工作。对全市浅层地下水 607 个监测点，1091 口监测井进行动态监测，定期获取浅层地下水水位监测数据，探索浅层地下水分布特征和动态规律。

建立浅层地下水信息数据库，开展统计与分析，建设"北京市建设工程浅层地下水信息服务平台"，实现相关图件、报告等成果的发布。

（七）综合性监测

对于地理国情普查监测工作，国务院领导高度重视，国家投入了大量的人力、财力、物力，形成了丰富的普查监测成果，是一个非常珍贵的地理信息宝库。北京市非常重视对这个宝库的挖掘应用，在成果应用方面做了一些探索，为京津冀协同发展、非首都功能疏解、城市总体规划修编、城市副中心建设、"多规合一"平台建设、冬奥会场馆赛道建设、首都新机场规划建设、违法建筑分析评估、背街小巷环境整治提升、海绵城市建设、"一带一路"峰会安保等国家和北京市重大战略、重点工程、重要国事活动等提供了全面精准的地理国情信息服务。

1. 服务城市总体规划修编

为北京城市总体规划修编提供了全市的建筑、道路及交通设施、水域及水域设施、园地、林地、草地、地理单元等数据及统计分析成果，这些成果成功应用于北京城市总体规划中的城市空间结构、城市绿色空间、城市体检等分析研究工作。2017 年 9 月党中央、国务院批复了《北京城市总体规划（2016～2030 年）》。地理国情监测成果为实施新版总体规划、开展体检评估提供服务。

2. 服务违法用地违法建筑治理

在京津冀协同发展、疏解非首都功能的大背景下，为维护首都安全稳定，消除重大安全隐患，改善生态环境，实现经济社会科学发展，着力打造宜居城市，北京市政府于 2013 年出台《北京市严厉打击违法用地违法建设专项行动工作方案》，将打击违法用地违法建设工作作为"大城市病"治理的重要内容，并制定年度计划，纳入各级领导班子年度绩效考核体系。

北京市违法用地违法建设历史遗留数量大，情况复杂，存在底数不清、数据模糊的问题。当前的违法用地违法建筑数据主要由各级政府逐级填报，以统计表格为主，数据的空间位置、范围、分布结构无法很好地与现状房屋建筑对接，不利于统筹专项行动，不利于有效检验工作绩效，不利于直观准确地抓住违法建设的重点和难点。

北京市利用地理普查成果中单体建筑、多期遥感影像等数据，获取分析全市范围内的所有建筑，查清每栋建筑的空间位置、占地面积、建筑面积、地上层数、用地性质、使用性质、门牌地址等属性，并进行统计分析，将分

析结果与北京城市规划用地数据进行匹配和比对，掌握了全市违法用地、违法建筑的总量和空间分布情况，有效地解决了违法用地、违法建筑底数不清的问题。

3. 服务背街小巷环境整治提升

背街小巷作为城市的"里子"，是人群活动频繁、居住密集的地方，乱搭乱建、乱堆乱放，造成各类安全隐患，拉低了城市生活品质。北京通过开展以"十有十无"为内容的背街小巷整治提升行动，提升胡同、院落生活品质。

利用普查成果为全市背街小巷环境整治提升计划提供数据基础和技术支持，梳理全市所有街道、小巷、胡同名录并发至各区，对16区的225个街道乡镇、1.3万条街巷胡同及其他道路，研究制定2017～2019年分期整治计划。

4. 服务城市副中心项目推进

为北京城市副中心建设领导小组办公室制作了城市副中心影像图、行政区划图、交通分布图、水系分布图、学校分布图、医院分布图、城市道路审批图、统筹推进重大工程行动计划图等，为副中心建设的前期筹备和综合调度提供了数据基础和技术支撑。

5. 开展"城市体检"试点

"城市病"是困扰北京健康发展的瓶颈，推动对城市进行体检，研究"城市体检"指标以及参考值，对城市进行全方位的"体检"，找到"城市病"的根源，北京市结合地理国情普查进行了积极的探索。2015年11月，国务院第一次全国地理国情普查领导小组将北京市"城市体检"列为全国地理国情普查综合统计分析试点。北京市完成了丰台河东地区180平方千米，14个街道、3个乡的评估工作，形成了丰台河东地区城市体检报告，为区乡镇的政府决策提供精细化管理依据。

6. 服务其他政府决策

在地理国情普查监测数据的基础上，对全市房屋数量、构成、属性等数据，浅山区范围、面积，涉及乡镇（村庄）等数据进行分析研究，形成了《房屋专题监测分析》《浅山区专题监测》等监测分析报告，为市政府决策服务。另外，服务于生态用地督察、核心区历史街区划定和历史建筑确定、无障碍设施调查、北京市人口重大专项评估、城市副中心重大项目的前期筹备和综合调度、生态红线划定、草地资源清查等专项工作。

四 北京市地理国情监测工作开展的政策建议

（一）地理国情监测的地位和作用

梳理近几年的地理国情监测工作可以发现，地理国情监测是法律赋予的一项重要职责，对于国家摸清地理家底、监测变化具有重要作用，同时也是测绘地理信息行业转型升级的难得的历史机遇。

一是法律赋予的重要责任。2017 年 4 月修订的《测绘法》规定，"县级以上人民政府测绘地理信息主管部门应当会同本级人民政府其他有关部门依法开展地理国情监测，并按照国家有关规定严格管理、规范使用地理国情监测成果"；"各级人民政府应当采取有效措施，发挥地理国情监测成果在政府决策、经济社会发展和社会公众服务中的作用。"《国民经济和社会发展第十三个五年规划纲要》明确要求，"开展地理国情常态化监测"。《全国基础测绘中长期规划纲要（2015～2030 年）》要求，"研究探索将地理国情监测等工作纳入年度投资计划管理"。这些法律法规文件为地理国情监测提供了法律依据，是测绘地理信息部门必须肩负的法律责任。

二是地理国情普查的有机更新和维护。根据国务院的统一部署，2013～2016 年北京市完成了第一次地理国情普查，形成了海量的普查成果，建成了普查数据库，成果得到了广泛应用。但是如果走其他普查的路子，过若干年之后再搞第二次普查，就不能实现普查数据的及时有效更新维护，普查成果又将失去现势性和价值，数据库也将变成"死库"。地理国情监测实行常态化监测，每年对变量进行监测，既保证了数据的及时更新维护，又避免了搞普查一次性投入巨额经费，减轻了财政负担。可谓一举两得。

三是实施新版北京城市总体规划的数据支撑。新版总体规划要加强

"四个中心"功能建设，优化城市功能和空间布局，严格控制城市规模，统筹生产、生活、生态空间，做好历史文化名城保护和城市特色风貌塑造，着力治理"大城市病"，高水平规划建设北京城市副中心，深入推进京津冀协同发展，加强首都安全保障，健全城市管理体制，坚持一张蓝图干到底，建立城市体检评估机制。地理国情监测数据可以全方位地服务总体规划实施，为领导决策提供数据参考，为三条红线划定提供空间数据，为治理"城市病"提供体检报告，为城市规划建设管理提供一张蓝图。

四是测绘地理信息转型升级的创新领域。原国家测绘地理信息局副局长李维森在2013年中国地理信息产业大会高端论坛上作了题为《从地理国情监测看测绘地理信息的转型升级和发展》的报告，从技术、服务、生产方式、管理模式和工作机制、人才队伍等方面探讨了开展地理国情监测如何带动地理信息产业转型升级，具有很强的前瞻性、指导性。2018年3月中共中央印发了《深化党和国家机构改革方案》，组建自然资源部，不再保留国土资源部、国家海洋局、国家测绘地理信息局。据了解，地理国情监测工作即将纳入拟成立的自然资源调查监测司。如果说2013年测绘地理信息的转型升级是自加压力、主动改革、自我提升，那么2018年就是贯彻中央决定，顺应形势发展，做好新的职能整合升级，地理国情监测要借助这次机构改革，高点站位，主动作为，全面改革，争取建成国家自然资源考核性指标体系，实现跨越式发展，为生态文明建设作出更大的贡献。

（二）进一步开展地理国情监测工作的建议

1. 紧紧围绕实施新版总体规划开展监测

要紧紧抓住实施新版总体规划这个牛鼻子，落实京津冀协同发展战略，服务"四个中心"，以非首都功能疏解、城市副中心建设、城市环境治理为重点，体现大城市精细化管理的特点，细化监测指标，拓展监测内容。比如，进一步深化单体建筑的监测与分析；加强对核心区的监测力度，重点对疏解非首都功能、文物保护单位、古树名木等进行监测，对重点区域加大监测频次。

2. 紧紧围绕需求服务开展监测

加强与有关部门的沟通对接，及时了解需求，提供数据资料，联合确定监测内容，持续投入人员、资金和技术进行周期性监测，探索地理国情监测应用的新领域、新技术、新方法、新模式，精准提供数据、图件、报告、技术和咨询等服务。

3. 探索开放式、主动式监测

目前，北京市在进行地理国情监测时，征求有关委办局的意见和建议，数据成果也对其他委办局和区政府共享。但是由于现行的管理体制机制，现在开展的监测还是偏重于规划国土、偏重于地理信息，仍是监测完成后提供给其他部门。开放度不够，还没有真正将其他部门纳入地理国情监测体系内，这有多方面的原因。需要国家层面、市级政府层面进行大力整合，最终形成一个开放的监测体系，实现一张蓝图的目标。

目前，海量普查监测数据成果的深入挖掘和应用还不够，主要还是完成监测任务，或是领导命题的监测任务，主动监测不够。应该按照国家供给侧结构性改革的要求，不断探索主动监测，实现常态化、可持续的监测，实现监测成果的广泛应用。

4. 探索监测新技术、新方式

目前的监测技术和手段主要还是依靠航片、卫片进行判读，提取变化图斑，进行外业调查核查。有一些专项监测也使用了手机信令、物联网等技术或数据，但是，目前的监测技术和手段、监测方式，与加强城市治理、精细化管理、实时动态监测的要求存在差距。要进一步探索"互联网＋"、大数据、物联网，甚至人工智能、VR技术等，满足快速、精准、个性化的监测要求。

加强项目管理、注重绩效。地理国情监测使用的是财政资金，必须加强项目管理，严格执行政府采购规定，严把质量关口，严格执行预算，保证项目资金使用合法合规。同时，注重成果的应用，提高绩效水平，实现数据共享，发挥良好的社会经济效益。

北京市在地理国情监测方面做了一些探索，但是，在实施新版总体规

划、京津冀协同发展、疏解非首都功能方面还存在不小差距，需要不断提高
地理国情监测水平，为建设世界一流的和谐宜居之都作出新的贡献。

参考文献

《北京城市总体规划（2016~2035年）》，http：//www.bjghw.gov.cn/web/ztgh/
ztgh000.html。

北京市第一次地理国情普查领导小组办公室：《北京市第一次地理国情普查工作报
告》，2017。

北京市第一次地理国情普查领导小组办公室：《北京市第一次地理国情普查技术报
告》，2017。

北京市规划和国土资源管理委员会：《北京市测绘地理信息"十三五"发展规划》，
2016。

陈建国：《加快推进地理国情监测立法》，《中国测绘报》2017年11月14日，第3版。

国家测绘地理信息局测绘发展研究中心：《常态化地理国情监测业务体系建设研究
报告》，2017。

国家测绘地理信息局测绘发展研究中心：《地理国情监测总体方案研究报告》，2015。

国家测绘地理信息局测绘发展研究中心：《京津冀测绘地理信息协同发展研究报
告》，2017。

国家发展改革委、国家测绘地理信息局：《测绘地理信息事业"十三五"规划》
（发改地区〔2016〕1907号），2016。

李朋德、雷兵、高小明、杨铮：《地理国情监测技术体系建设和应用探索》，库热
西·买合苏提主编《测绘地理信息供给侧结构性改革研究报告（2016）》，社会科学文献
出版社，2016。

李维森：《地理国情常态化监测工作的思考》，库热西·买合苏提主编《新常态下的
测绘地理信息研究报告（2015）》，社会科学文献出版社，2015。

刘芳：《雄安新区规划建设测绘地理信息部门应当发声行动》，《测绘地理信息调查、
研究、建议》，国家测绘地理信息局测绘发展研究中心内部刊物，2017年第9期。

乔朝飞：《推动地理国情监测工作的有关思考》，《测绘与空间地理信息》2017年第
8期。

王春峰、陈常松主编《地理国情监测常态化业务应用探索》，测绘出版社，2017。

温宗勇：《北京"城市体检"的实践与探索》，库热西·买合苏提主编《新常态下
的测绘地理信息研究报告（2015）》，社会科学文献出版社，2015。

B.8
陕西省地理国情监测服务生态文明建设的实践与思考

杨宏山*

摘　要： 本文结合机构改革对测绘地理信息的定位，围绕近些年地理国情监测在生态文明建设工作中的实践，探讨了地理国情监测在自然资源管理和空间规划中发挥的作用，并提出地理国情监测进一步做好服务生态文明建设的建议。

关键词： 地理国情监测　生态文明建设　陕西省

一　前言

在 20 世纪中期，西方工业化国家先后发生了严重的环境污染事件，人们开始反思工业化的弊端。1962 年《寂静的春天》的出版，引发了国际社会寻求经济发展、社会进步与环境保护相协调的可持续发展道路。联合国从 1972 年斯德哥尔摩的"人类环境大会"开始，先后在 1992 年召开了"环境与发展大会"，在 2002 年召开了"可持续发展世界首脑会议"，等等。1995年，美国学者罗伊·莫里森在《生态民主》一书中正式将生态文明定义为工业文明之后的一种文明形式[1]。生态文明是指人类在认识、改造和开发利

＊ 杨宏山，陕西测绘地理信息局党组书记、局长，高级工程师。

[1] 陈洪波、潘家华：《我国生态文明建设理论与实践进展》，《中国地质大学学报》（哲学社会科学版）2012 年第 5 期，第 13~17 页。

用大自然的过程中，遵循人、自然、社会和谐发展这一客观规律而取得的物质成果与精神成果的总和。

党的十七大首次引入了生态文明的概念，"美丽中国"的生态文明建设目标在党的十八大被写进了政治报告。经过五年实践之后，习近平总书记在十九大报告中围绕"生态文明体制改革，建设美丽中国"主题，提出了推进绿色发展、着力解决突出环境问题、加大生态系统保护力度、改革生态环境监管体制等。在2018年全国人民代表大会上审议批准的国务院机构改革方案中，按照十九大报告的战略部署，新成立自然资源部，集中履行自然资源开发利用和保护监管职责，建立空间规划体系并监督实施，履行全民所有各类自然资源资产所有者职责，统一调查和确权登记等职责，为生态文明建设保驾护航。近些年来，原国家测绘地理信息局着力推动地理国情监测工作，已准确掌握地形地貌、地表覆盖、境界等地理国情要素信息，并对其进行了常态化、标准化和层次化的监测和变化统计分析。地理国情监测工作可以为资源环境存量和空间分布、生态状况等的调查与监测，空间规划评估、生态修复工作实施情况等方面提供支撑。

二 地理国情监测服务生态文明建设的实践

自2011年地理国情监测试点工作伊始，陕西测绘地理信息局就将生态环境变化状况监测作为地理国情监测的重点内容，随着《生态文明体制改革总体方案》的发布，地理国情监测工作服务生态文明建设更具针对性和方向性，并在完善主体功能区制度、领导干部自然资源资产离任审计和市县"多规合一"等方面进行了尝试。

（一）国家重点生态功能区（黄土高原—川滇生态屏障区）变化监测

黄土高原—川滇生态屏障区横跨黄河中游地区和长江上中游地区，主要包括黄土高原、川滇西部及四川盆地的过渡地带，是黄河、长江流域的生态屏障，是两大流域下游生态环境的"过滤器""净化器"和"稳定器"。监测工作通过整合地理国情普查和 2016 年基础性地理国情监测数据以及专题资料，完成黄土高原—川滇生态屏障区生态格局监测、植被覆盖度估算、水土流失监测、植被净初级生产力估算、生态环境承载能力监测五个方面的监测信息提取，并开展统计分析和综合分析及评估工作，全面、准确地监测黄土高原—川滇生态屏障区自然生态状况。

1. 监测内容

（1）生态格局监测。生态格局监测共开展了 2015 年和 2016 年两期监测，主要内容有：①自然地表监测，利用地表覆盖数据对屏障区自然地表分布情况进行分析；②25 度坡度以上耕地监测，对 25 度坡度以上耕地分布和变化情况进行分析；③景观格局监测，利用香浓多样性指数 SHDI 以及斑块级和景观级的斑块密度 PD、景观形状指数 LSI、聚集度 AI 等景观指数分析屏障区自然地表的景观情况。

（2）植被覆盖度监测。利用 2010 年、2015 年 Landsat 卫星数据，根据像元二分模型估算两期植被覆盖度结果，并分为劣、低、中、高四个等级，形成 2010 年、2015 年植被覆盖度分级数据，进而开展植被覆盖度分布与变化情况分析。

（3）水土流失监测。依据 CSLE 模型估算 2010 年、2015 年两期土壤侵蚀强度，并将结果分为微度侵蚀、轻度侵蚀、中度侵蚀、强烈侵蚀、极强烈侵蚀、剧烈侵蚀六个等级，按照土壤侵蚀强度对屏障区水土流失情况进行分析。

（4）植被净初级生产力监测。基于 CASA 模型完成 2015 年 7 月黄土高原区域的植被净初级生产力估算，在此基础上完成植被净初级生产力状况分析。

（5）生态承载力监测。利用生态足迹法开展川滇生态屏障区 2010 年、2014 年生态足迹和生态承载力核算，由生态足迹和生态承载力差值得到生态赤字和生态盈余情况，进而分析监测区生态承载力综合情况。

（6）生态状况评价。生态状况评价利用一个综合指数（生态环境状况

指数，EI）反映区域生态环境的整体状态，指标体系包括生境质量指数、植被覆盖指数、水网密度指数、土地胁迫指数四个分指数，四个分指数分别反映被评价区域内生物的丰贫、植被覆盖的高低、水的丰富程度、土地遭受的胁迫强度。

2. 主要结论

（1）2016年黄土高原—川滇生态屏障区景观类型整体完整性较好，具有较好的抵抗外界干扰能力。黄土高原—川滇生态屏障区景观类型整体完整性较好，景观破碎程度较低。

（2）2015年黄土高原—川滇生态屏障区生态环境状况等级为良，植被生长茂盛，生态环境状况较好，对建设国家生态安全屏障起到积极作用。2015年黄土高原—川滇生态屏障区林地面积占整个屏障区的51.57%，植被覆盖度以高覆盖度为主。

（3）土壤侵蚀总量减少，水土流失防治工程起到明显作用。从2010年到2015年，平均土壤侵蚀模数下降了495.84t/km². a，侵蚀总量下降了近2亿吨。

（二）地理国情监测服务领导干部自然资源资产离任审计

2015年9月，中共中央、国务院印发的《生态文明体制改革总体方案》明确要求，"积极探索领导干部自然资源资产离任审计的目标、内容、方法和评价指标体系"。陕西测绘地理信息局以陕西省延安市为监测试点区域，以区域生态质量评价作为切入点，探讨地理国情监测服务领导干部自然资源资产离任审计的指标和方法，建立完善服务领导干部离任审计的区域自然生态质量评价指标体系和探索可行的工作机制。

1. 区域自然生态质量评价指标体系

区域自然生态质量评价指标体系通过一个综合指数（即自然资源生态质量指数）反映区域自然资源生态质量的整体状态，由林草资源、土地资源、水资源、大气资源、矿产资源等五个分指数（见表1）和环境限制指数（见表2）构成。环境限制指数是生态环境状况的约束性指标，指根据区域内出现的严重影响人居生产生活安全的生态破坏和环境污染事件，如重大生态破坏、环境污染和突发环境事件等，对生态环境质量进行限制和调节。

表1 生态环境质量评价指标

指数（M）	分指数（F）	指标（S）	指标效应	可选性	备注
林草资源	林地覆盖情况	林地面积占比	正向	必选	反映区域植被的覆盖情况
		乔木林面积占比	正向	必选	
	草地覆盖情况	草地面积占比	正向	必选	
		高、中覆盖度草地面积占比	正向	必选	
	城市绿地情况	城市绿地比例	正向	必选	
土地资源	土地规划完成情况	基本农田保护控制指标	负向	必选	反映土地使用和管理情况、耕地保护情况和建设用地情况
		建设用地控制指标	负向	必选	
		耕地保有量控制指标	正向	必选	
		禁止建设区内的建筑比例	负向	必选	
	种植土地情况	耕地面积比	正向	必选	
		25度以上耕地比例	负向	必选	
		园地面积占比	正向	必选	
	建设用地情况	建设用地面积比	负向	必选	
		重威胁建设用地面积占比	负向	必选	
水资源	水量情况	河流长度	正向	必选	反映区域水资源量和水质情况
		重要水域面积	正向	必选	
		水资源量	正向	必选	
	水质情况	饮用水源地水质达标率	极值	可选	
大气资源	大气质量	年度AQI优良率	正向	可选	反映区域的空气环境质量
		年均PM2.5浓度达标天数	极值	可选	
		沙尘天气天数	负向	可选	
矿产资源	采矿区情况	露天矿区数量	负向	必选	反映区域矿产资源开发对地表环境的影响情况
		露天矿区面积	负向	必选	
		禁止开发区内的矿区面积	负向	必选	

注：指标效应正向表示指标数值越大越有利于区域生态质量，负向表示指标数值越大越不利于区域生态质量。极值表示具有限制性的指标，满足限制性要求时得分，不满足时不得分。

表2 环境限制指数约束内容

分类		判断依据	约束内容
突发环境事件	特大环境事件	对照《突发环境事件应急预案》中的突发环境事件等级,若发生一次以上突发环境事件,则以最严重等级为准	生态环境质量指数降10分,且评价结果不能为85分及以上
	重大环境事件		
	较大环境事件		生态环境质量指数降10分
	一般环境事件		
环境污染生态破坏	环境污染	存在环境保护主管部门通报或国家媒体报道的环境污染或生态破坏事件(包括公开的环境质量报告中的超标区域)	存在国家环境保护部门通报的环境污染或生态破坏事件,生态环境质量指数降10分,且评价结果不能为85分及以上;其他类型的环境污染或生态破坏事件,生态环境质量指数降10分
	生态破坏		
	生态环境违法案件	存在环境主管部门通报或挂牌督办的生态环境违法案件	生态环境质量指数降10分
	被纳入区域限批范围	被环境保护主管部门纳入区域限批的区域	生态环境质量指数降10分

2. 基于区域自然生态质量评价指标体系服务领导干部离任审计工作

基于区域自然生态质量评价指标体系服务领导干部离任审计工作主要通过自然资源生态质量综合指数（EQI）获得离任审计年份的自然资源生态质量评分，再使用自然资源生态质量综合指数差值（△EQI）获得离任审计期间自然资源生态质量的变化情况，最后开展自然资源生态质量变化分析，体现了区域生态质量变化趋势、变化因素等重要信息。

自然资源生态质量综合指数（EQI）划分为指标（S）、分指数（F）、指数（M）、综合指数（EQI）四个层次，上一层次的评分数值为下一层次数值的加权求和，依次类推。公式如下：

$$EQI_{自然资源生态质量综合指数} = w_1 \times M_{林草资源指数} + w_2 \times M_{土地资源指数} + w_3 \times M_{水资源指数} + w_4 \times M_{大气资源指数} + w_5 \times M_{矿产资源指数} + M_{环境限制指数}$$

自然资源生态质量综合指数差值划分为4级，分别为无明显变化、略有变化（改善或恶化）、明显变化（改善或恶化）、显著变化（改善或恶化）（见表3）。公式如下：

$$\triangle \text{EQI}_{\text{自然资源生态质量综合指数差值}} = \text{EQI}_i - \text{EQI}_0$$

式中，EQI_i 为审计末期自然资源生态质量综合指数，EQI_0 为审计初期的自然资源生态质量综合指数。

表3　自然资源生态质量变化分级

级别	无明显变化	略有变化	明显变化	显著变化
指数	$\lvert\triangle\text{EQI}\rvert < 1$	$1 \leq \lvert\triangle\text{EQI}\rvert < 3$	$3 \leq \lvert\triangle\text{EQI}\rvert < 5$	$\lvert\triangle\text{EQI}\rvert \geq 5$
描述	$-1 < \triangle\text{EQI} < 1$，说明资源开发、利用、保护、管理的综合效果一般，区域生态环境无明显变化	若 $1 \leq \triangle\text{EQI} < 3$，说明资源开发、利用、保护、管理的综合效果较好，生态环境质量略微改善；若 $-3 < \triangle\text{EQI} \leq -1$，则资源开发、利用、保护、管理的综合效果欠佳，生态环境质量略微恶化	若 $3 \leq \triangle\text{EQI} < 5$，说明资源开发、利用、保护、管理的综合效果良好，生态环境质量明显改善；若 $-5 < \triangle\text{EQI} \leq -3$，则资源开发、利用、保护、管理的综合效果较差，生态环境质量明显恶化	若 $\triangle\text{EQI} \geq 5$，说明资源开发、利用、保护、管理的综合效果优秀，生态环境质量显著改善；若 $\triangle\text{EQI} \leq -5$，则资源开发、利用、保护、管理的综合效果差，生态环境质量显著恶化

自然资源生态质量变化分析是对自然资源生态质量评价结果的集中总结，从自然资源生态质量指数变化、分指数变化、指标变化及数据变化几方面共同反映区域的生态环境质量变化情况。自然资源生态质量变化分析以分析报告的形式展现。

（三）服务市县"多规合一"试点

开展"多规合一"工作，建立统一衔接的空间规划体系是中央推进经济体制和生态文明体制改革的一项重要任务，对解决各类规划自成体系、内容冲突、缺乏衔接协调等突出问题具有重要意义。围绕保障陕西省榆林市和富平县国家首批"多规合一"试点工作，陕西测绘地理信息局加强与发展改革、国土、住建等部门的协作，在"多规合一"信息管理平台建设、市县空间规划体系改革创新等工作中取得了突出成果。

1.榆林市"多规合一"试点工作

榆林市"多规合一"试点工作是陕西测绘地理信息局与省发展改革委

按照国家发展改革委关于空间规划试点的要求，共同合作在榆林市开展空间规划底图编制与市县空间规划体系改革创新工作。试点成果获得了榆林市人民政府认可，空间规划底图成果被《榆林市经济社会发展总体规划（2016～2030)》采纳，并经榆林市第四届人民代表大会第一次会议通过，正式公开发布。

本次试点工作实现了经济社会发展总体规划的科学编制，完成了地理信息与各类专业信息资源的深度整合，充分发挥了测绘地理信息在"多规合一"工作中的技术和资源价值。主要成果如下。

（1）科学划定了榆林市县以城镇、农业、生态三区为框架的功能分区，落实空间用途管制和开发建设引导，构建多规共同遵守的空间规划底图，为解决各类规划重叠冲突、部门职责交叉重复等问题提供科学、客观的依据，严格落实主体功能区战略格局在市县层面真正落地。

（2）通过规范用地分类标准，明确了三类空间与各类专项规划用地的管控和衔接关系，实现了主体功能区规划与其他专项规划的有效衔接，发挥了主体功能区规划在空间规划体系中的纲要性和基础性作用。

2. 富平县"多规合一"试点工作

富平县"多规合一"试点工作是陕西测绘地理信息局与省住建厅共同合作在富平县开展"多规合一"试点工作。富平县"多规合一"试点工作初步实现了基础地理、专业规划等信息的有机融合，实现了"一张蓝图、一个信息管理平台、一套管理机制"的建设目标，形成了可落地的信息化空间规划管控平台，该平台已作为富平县政务服务大厅的重要服务平台为公众提供服务。

试点工作着力解决县域"多规合一"工作中行业规范不一致、数据类型、年限、坐标系不统一，缺乏有效的技术手段发现冲突、差异等问题。主要成果如下。

（1）整合数据资源，构建一张蓝图。编制了包括电子地图、影像地图等四类地理底图，整合建设用地规模、城镇开发边界、生态安全、永久农田保护等七条控制线，形成了空间坐标统一、数据格式统一的"空间规划体系”，规划内容涵盖城乡总体规划、土地利用规划、环保规划、林业规划等空间性规划。

（2）建设信息管理平台，实现审批流程再造。以统一的“一张蓝图”为基础，建成集各类空间规划成果的信息展示、以图管地、规划差异性分析、控制线及合规性监测等功能为一体的综合系统，具备了数据整合处理、转换存储共享、服务信息发布等能力。按照“让信息多跑路，让群众少跑腿”的设计原则，基于工作流引擎将传统的串联审批改变为并联审批，项目报审实现了一个窗口受理、同一窗口办结的申报审批流程。仅县发展改革委、国土、规划三部门办理业务所需的选址申请资料，就由原来的 21 项直接减少至 8 项，审批时限也由 80 多个工作日压缩至 20 个工作日，极大地提高了工作效率。

（3）建立管理机制，实现业务化运行。为实现信息管理平台的业务化运行，制定了平台运维管理规范、统一空间坐标体系、数据整合处理标准并预留服务接口，确保国土、规划、发展改革、环境保护、水土保持和林业等各级各部门专业空间信息可及时入库管理。

三　地理国情监测服务生态文明建设的思考

测绘地理信息工作已纳入自然资源部的业务职责，地理国情监测应以自然资源部的职能定位开展业务活动，特别是在自然资源管理、空间规划等方面充分发挥数据成果、技术体系和人才队伍的独特优势。

（一）地理国情监测与自然资源管理相辅相成

地理国情监测是以“所见即所得”为主要工作原则，获取地理国情信息，包括表示地球表面自然形态所包含的要素，如地貌、水系、植被和土壤等自然地理要素与人类在生产活动中改造自然界所形成的要素，如居民地、道路网、通信设备、工农业设施、经济文化和行政标志等社会经济要素。按照地理国情监测的质量要求，可以说该项工作是反映地球生态系统真实变化

精细化程度最高的常态化"快照"，是从物化的地理要素角度记录地球生态环境变化。自然资源管理是以自然资源资产产权和用途管制为主要管理目标，以所有权为基础记录"山水林田湖草"的开发与利用情况。地理国情监测与自然资源管理相互结合，将集中反映资源、生态、环境、人口、经济、社会等要素在地理空间上相互作用、相互影响的内在关系和演变规律，可为生态文明建设提供数据基础和决策依据。

（二）地理国情监测为科学规划提供数据支持

过去30多年我国处于经济高速发展阶段，在发展初期，对周围空间影响不明显，但发展到一定规模、时期，如果不进行科学规划，就是以牺牲环境为代价获得经济利益。我国现行的规划体系是以经济社会发展规划为依据，开展城乡、土地利用、生态环境保护等规划，经济社会发展规划是目标性规划，空间约束力不强，空间统筹管理能力较弱，城乡、土地利用、生态环境保护等空间性行业规划，当前还存在规划相互掣肘、内容交叉重叠、工作边界不清晰等现象。以地理国情监测数据为主体，结合其他测绘成果数据、各类规划数据、人口经济数据等，可对现有的国土空间地表现状与各行业规划管理的空间性数据进行梳理，对空间性规划数据与地表要素之间，以及空间性规划之间的矛盾冲突进行分析处理；基于地理国情监测数据，可充分考虑地表要素实际开发现状，得出区域内生态环境承载能力评价和国土空间开发适宜性评价等结果，为科学规划区域发展提供有效数据支撑；地理国情监测数据与空间性规划相结合，可以监督和评价规划实施过程，从空间上检验空间规划功能定位、发展方向及运行状态是否科学合理等。

（三）加强地理国情监测服务生态文明建设的建议

1. 加快统筹空天地一体化数据获取体系

实现全天候立体化获取地理信息能力，包括各种自然、人文地理要素及专题信息，着力解决多源遥感信息的快速动态获取、网络化传输、整合与同化等技术，建立空天地一体化数据获取体系。

2. 充分发挥大数据中心在地理国情监测中的基础支撑作用

大数据中心利用大数据和地理信息技术，具备对海量、异构、多语义、时序、多尺度数据的采集、存储、管理、共享、关联分析和可视化展示能力。地理国情监测在数据收集与处理、数据存储与管理、数据分析与计算和数据表达与可视化方面都需要大数据中心发挥基础支撑作用。

（1）数据收集与处理。地理国情监测的数据来源极其广泛，数据收集需要从不同的数据源实时或及时收集不同类型的数据并发送给存储系统或数据中间件系统进行后续处理。由于地理国情监测数据容易受到噪声数据、数据值缺失与数据冲突等的影响，需开展数据清洗、数据归约、数据转换等数据处理工作。

（2）数据存储与管理。与传统海量数据最大的区别在于，地理国情监测更强调数据的异构性、众源性、动态性，而不仅仅是数据规模。按照集中式和分布式的大数据混合存储架构框架，可按照应用需求和数据特征，选择不同的存储技术和组织管理形式，进而满足地理国情监测数据存储要求。

（3）数据分析与计算。地理国情监测需要突破众源、异构地理国情信息融合、分布式集群快速处理等关键技术，为地理国情监测提供多维、动态的观测数据集。引入已有数据信息的分布式统计分析技术以及位置数据信息的分布式挖掘和深度学习技术，可实现高性能地理国情数据并行计算和统计分析工作。

（4）数据表达与可视化。在时间序列变化、动态趋势性分析、多维信息展示、数据关系可视化方面，应用海量数据信息的符号表达技术、数据渲染技术、数据交互技术和数据表达模型技术等可视化技术，实现地理国情监测成果转化为用户所需要的信息。

伴随着大数据技术的日益成熟，大数据中心可满足完整的地理国情监测生产技术体系需求。通过提升地理国情监测的分析处理、知识发现和决策支持能力，进而深化地理国情监测应用工作。

3. 建设地理国情监测创新人才队伍体系

创新是支撑地理国情监测科学发展的不竭动力，人才是创新要素中最具

有能动性的核心要素，培养和造就一大批掌握现代测绘地理信息科技知识并具有创新能力的高水平科技创新人才是地理国情监测取得长足发展的关键。以政治过硬为统领，坚持德才兼备、人岗相适原则，通过整合优化资源配置，促进高素质综合性人才聚集发展，培养更多的复合型、创新型人才，引领和支撑地理国情监测事业快速发展。

B.9
浙江省地理国情监测
实践与思考

盛乐山*

摘　要： 本文总结了浙江省地理国情监测在机制建设、目录标准、技术支撑等方面的创新特色，并阐述了地理国情监测为政府及专业部门提供系统化应用服务的情况。立足生态文明建设新起点，地理国情监测还将在自然资源调查和开发保护、构建空间规划体系、自然资源监管、自然资源确权登记、自然资源有偿使用等自然资源管理各项工作中发挥重要作用。

关键词： 地理国情监测　创新　自然资源管理

　　浙江省地理国情普查与监测起步较早，早在"十五"期间就已经开始了地理国情监测的前期研究与实践，完成了全省滩涂资源调查、国土面积量算等一系列工作，获得了多项重要地理国情监测成果，解决了一些长期以来存在争议、悬而未定的重要地理要素划分问题，提高了党委政府及其部门规划决策的科学性。2011～2012年浙江作为全国首批开展地理国情监测试点的省份之一，探索开展了多项监测及基础研究工作，取得了丰硕的成果，为地理国情普查工作的开展奠定了扎实的基础。

---

* 盛乐山，浙江省国土资源厅党组成员，浙江省测绘与地理信息局党委书记、局长，教授级高工。

2013～2015 年，根据国务院关于开展第一次地理国情普查的通知，开展了第一次地理国情普查工作，在圆满完成国家要求的各项普查任务的同时，还结合浙江实际，开展了 13 项省情普查及 105 项市县情普查。从 2016 年开始，浙江省进入地理国情监测常态化阶段，2017 年 12 月浙江省人民政府颁布实施了《浙江省地理国情监测管理办法》，从制度上保障了地理国情监测工作的开展，标志着浙江省地理国情监测工作进入一个新阶段。

经过多年的探索与实践，浙江省始终坚持开拓创新，逐步探索出了一条适合本省的地理国情监测之路，其工作特色鲜明、服务成效显著。

一 锐意创新 地理国情监测工作特色鲜明

浙江省地理国情监测工作具有鲜明的特色。

（一）建立新型地理国情监测工作机制

浙江省对地理国情监测管理体制、运行机制、服务模式、应用方向等方面开展了深入调研，形成了一套立法保障顶层制度、专业部门横向协同、测绘与地理信息部门纵向联动的独具特色的地理国情监测工作机制。

1. 法规先行，构建顶层制度保障

浙江省在开展地理国情普查和监测工作时，与多个专业厅局、市县测绘地理信息部门在内容指标制定、成果推广应用等方面开展了广泛而深入的合作，形成了良好的工作推进机制，在此基础上还完成了系列制度建设成果。为巩固工作成效，加强地理国情监测工作法制化建设，适应新时代经济社会发展需要，根据新修订的《测绘法》等有关法律规定和实践经验，制定了《浙江省地理国情监测管理办法》（以下简称《办法》）。该《办法》的出台，有效保障了地理国情监测工作的法定性、监测成果的权威性以及成果使用的有效性。

2. 主动作为，建立省级部门会商机制

地理国情监测工作与相关自然资源管理部门的部分重点工作紧密相关，如何融合开展，需要双方共同建立常态化的部门会商机制。浙江省测绘与地理信息局通过主动作为，与专业部门建立了良好的会商机制，为全省地理国情监测工作的开展营造了良好的外部环境。

在与省级相关部门合作开展地理国情监测工作时，通过试点合作，使相关部门认识到地理国情监测成果的科学性、精准性和实用性，促成双方从项目试点上升到常态化合作。通过与专业部门合作制定监测标准，与专业部门在技术方法上达成最广泛的一致。

在与省住房和城乡建设厅开展城市建成区、城市建成区绿地率及绿化覆盖率（以下简称"一区两率"）监测时，尝试采用指标量化打分的方式，完成城市建成区范围的精确划定，得到了省住房和城乡建设厅的认可，基于此，双方还共同完成了"一区两率"监测技术规程的编制。目前省测绘与地理信息局已联合省住房和城乡建设厅共同发文，明确要求在全省范围内开展常态化"一区两率"监测。

3. 统筹推进，建立省市县联动机制

浙江省地理国情普查与监测采用省市县三级联动方式，充分发挥地方政府在实地调查和资料收集方面的优势。各市县在完成省要求的普查与监测内容外，还从本地需求和关注热点出发，开展了多项富有地方特色的专题要素普查和监测工作。

（二）建设富有地方特色的目录标准体系

立足浙江实际，围绕政府及专业部门需求及各级党委政府关注的热点，浙江省地理国情监测形成了涵盖国家和省市县四级目录的立体化地理国情监测目录指标体系，指标内容涉及自然资源、生态环境、城镇建设、社会民生等多个专题（见表1）。同时，对于已开展的监测内容，坚持做好全程跟踪，及时掌握各项监测指标在实际工作中发挥的作用，适时更新、补充及细化监测指标，保持指标的鲜活度。

表1 浙江省地理国情监测主要指标

专题	方向	国省级指标	市县增加指标
自然资源	地形地貌	高程、坡度、地貌	主要山峰、低丘缓坡资源等
	农业资源	耕地、园地等	农业两区、特色经济种植区等等
	林业资源	林地、公益林、国土绿化等	古树名木资源等等
	水域资源	水域、流域、河流分布等	
	海洋资源	大陆海岸线、海岛礁、滩涂资源等	
生态环境	植被覆盖	归一化植被指数、生境质量指数等	
	地质灾害	水土保持、平原区地面沉降	
	重要功能单元	生态功能区、风景名胜区、自然保护区等	重要饮用水源保护区、生态湿地等
城镇建设	国家级新区	舟山群岛新区监测	
	城市建成区	城市建成区空间分布、城市建成区绿地率及绿化覆盖率等	城市不透水层等
	地级以上城市群	面积分布及扩张、内部结构、用地效率等	
社会民生	公共服务设施	学校、医院、养老服务、避灾场所、单位院落等	社会福利机构等
	城市基础设施	道路交通及交通设施等	泊车位、地下空间、110千伏电力走廊等

　　为确保普查监测成果的权威性，浙江省从一开始就高度重视与专业部门共同建立和统一普查监测的技术标准。在技术标准制定过程中，省测绘与地理信息局以国务院普查办的要求和标准为基础，深入分析不同部门和专业的实际需求，会同有关部门共同协商，坚持以我为主、充分听取意见，达成最广泛的共识。目前，省测绘与地理信息局已经与有关厅局联合制定和公布了《浙江省城镇建成区调查技术规程》《浙江省城市建成区绿化覆盖率及绿地率调查技术规程》等技术标准。初步形成了以国家普查技术标准为基础、省普查技术规程为核心、市县普查技术规定为补充的富有浙江特色的地理国情普查监测技术标准体系，有效地保证了地理国情监测成果的科学性和权威性（见表2）。

表2　浙江省制定的普查监测技术规程

规程级别	规程名称
省普查技术规程	浙江省大陆海岸线监测技术规程
	浙江省沿海滩涂资源监测技术规程
	浙江省陆域面积监测技术规程
	浙江省公益林遥感监测技术规程
	浙江省城市建成区调查技术规程
	城市建成区绿地率及绿化覆盖率调查技术规程
市县普查技术规程	基本地理状况调查技术规定
	城市不透水层调查技术规定
	城市停车位调查技术规定
	地下空间调查技术规定
	浙江省水质分布调查技术规程
	低丘缓坡资源调查技术规定
	低丘缓坡资源适宜性评价技术规定

（三）开展地理国情监测关键技术研究

依托地理国情监测国家测绘与地理信息局重点实验室，浙江省在空天地数据获取、智能化信息提取、海量数据存储、高性能数据运算、创新统计分析等方面开展了大量关键技术研究。

采用空天地结合的方式，拓展数据获取模式。运用多源航空/航天遥感，全天候获取省域范围内高分辨率遥感影像，是地理国情监测主要的数据源之一。对于重点监测地区可采用无人机搭载光学、激光雷达、高光谱仪等多源传感器的方式，提供高灵活度、高空间分辨率、高光谱分辨率的遥感影像作为补充。此外，浙江还自主研发了基于手持平板的外业数据采集系统，具有较高的监测精度，能便捷地完成外业信息的调查、录入等，满足重点地区的外业核查需求。

运用智能化信息提取技术，提高地表覆盖解译效率。针对浙江省内区域地类复杂、影像质量差异大、效率效益需兼顾等工程化自动解译特点，研发了一套可多人协同作业、高效率、便捷操作的解译系统，采用低耦合模块化

设计、弹性的分布式计算节点设置，对解译数据、人力资源、工作进度等进行动态整合，利用有限的人力资源和软硬件资源提高自动解译工作效率。

创建云存储框架，完成海量数据存储。在国内率先创建了面向云存储架构的多源海量地理国情数据存储管理体系，提出了覆盖全空间的分布式内存时空索引构建与并行检索方法，实现了全覆盖要素的高效查询与实时统计。

建立了面向大规模地理国情数据处理的云计算框架，实现分布式环境下模型注册、任务提交、模型运算、结果反馈的自动化处理流程，完成由人工分类统计—集中汇总到按需定制—实时计算的转变。

创新开展了包含省市县三个级别，涵盖基本统计、综合统计、分析评价三个层次的统计分析工作。基本统计按照国家的统一标准，分别对省市县各类地表自然资源的面积进行了汇总统计，确保了各级数据统计的精准性。综合统计基于基本统计成果，结合专题资料，构建了资源分布与利用、生态格局、基本公共服务均等化、区域经济潜能、城镇发展五个方面的指标，全面评价区域的综合地理国情。分析评价根据省市县不同尺度、不同区域关注的重点问题，开展深入的分析并给出相关对策建议，省级的分析评价工作，面向省级宏观尺度，创新提出了生态资产评估、零碳排放、空间开发、环境宜居四大主题，深入分析浙江的水源涵养、水土保持、空气净化等生态资产价值、碳源碳汇含量、空间开发状况及宜居性等情况。

（四）全面落实机构人才装备等方面的保障措施

全省地理国情监测工作的有序开展，离不开机构、人才、装备等方面的保障。

成立地理国情监测机构，是保障浙江省地理国情监测工作有序进行的基础。2012年，浙江省测绘与地理信息局联合武汉大学成立了地理国情监测国家测绘地理信息局重点实验室，作为国内第一个地理国情监测方面的国家部级重点实验室，已成为地理国情监测关键技术研究、成果应用、技术支撑等的重要平台。2014年经省编办批准，浙江省成立了地理国情监测中心，牵头承担全省地理国情监测工作。

地理国情监测工作离不开牵头单位的技术支撑保障，其中人才建设是关键。浙江省一方面通过鼓励创新、激励创新，自主培育了一批掌握现代测绘地理信息知识的复合型人才；另一方面，依托地理国情监测国家测绘地理信息局重点实验室，引进高端人才、跨界人才，并通过相关人才政策，保障形成稳定的人才梯队。

浙江省还购置了地物光谱仪、高光谱传感器、激光点云雷达、长续航无人机等先进设备，保障地理国情监测空天地多源数据的获取及相关研究工作的开展。

二 重视应用 地理国情监测成果服务成效显著

基于"边普查、边监测、边应用"的原则，浙江创新提出了"1＋1＋X"的应用服务模式，即开发一系列公共产品、编制一系列报告，以及围绕发改、审计、住建、林业、水利、文保等专业部门的需求，提供定制化、个性化服务。

（一）研发一系列地理国情监测公共产品

地理国情监测公共产品是指根据政府、专业部门、科研院所等成果应用部门的具体需求，对地理国情监测成果进行深加工形成的能够直接面向社会公开提供的地理国情监测产品。浙江省计划形成一套地理国情监测公共产品体系，包括地表覆盖公共产品、人口空间化公共产品、交通路网公共产品等。

地理国情监测公共产品的推出是协调成果保密与成果应用矛盾的重要探索之一。按照需求的轻重缓急，浙江省目前正在建设多尺度、多类型、定制化的地表覆盖公共产品，可满足宏观、中观、微观等不同用户的多尺度需求，可生成栅格、矢量、表格等多类型成果，成果包含的信息颗粒度可以至地表覆盖三级类，并可按需定制地表覆盖公共产品的范围、尺度、类型及信息颗粒度等内容。

（二）编制一系列报告

根据监测成果的可公开程度，针对不同受众，编制地理国情相关报告，发布地理国情监测公报、专报等，扩大社会影响。公报针对社会公众，公布全省基本地理国情信息；专报针对专业部门，通过比对分析凸显专业调查信息。

（三）推出个性化、定制化服务

围绕各级党委政府工作重点、专业部门的工作或业务需求，浙江省地理国情监测成果已在服务空间性规划"多规合一"、自然资源资产审计、城乡规划实施监测、林业变更调查、资源环境承载能力监测预警、文保遗产监测等工作中发挥了重要作用。

1. 服务省级空间性规划"多规合一"

浙江省高度重视全省"多规合一"试点工作，积极探索，着重围绕统一衔接的基础数据、统一衔接的空间布局、统一衔接的技术标准、统一衔接的信息平台四个方面，从空间数据整合、空间规划底图编制、信息平台建设、技术标准制定入手，建立了全流程解决方案。目前，已为省级"多规合一"工作以及开化、衢州、建德、永嘉等试点县市提供了测绘与地理信息服务，服务成果获得了各级政府部门和领导好评，取得了显著的成效。

2. 服务自然资源审计

为充分发挥测绘地理信息与审计部门各自的优势，省测绘与地理信息局和省审计厅签署了全面战略合作协议，以涉及自然资源资产的经济责任审计工作的全面合作为切入点，采取循序渐进、积极探索的方法开展相关试点工作，形成从自然资源数据建库、审计分析服务、信息平台搭建到标准编制的全流程服务体系。截至目前已为 37 个市、县（市、区）的审计工作提供地理信息服务。

3. 服务城乡规划实施监测

联合省住建厅共同开展了城乡规划实施监测试点，初步确定了业务协同机制，形成了一套基于地理国情监测成果的规则化技术方法，基于试点成果，浙江省还开发了城乡规划实施监测信息化平台，实现城乡规划实施监测的省市县联动管理，提高住房建设部门城乡规划管理的信息化、精细化水平。

4. 服务林业变更调查

结合省委、省政府开展生态考核要求，基于地理国情监测成果，运用遥感影像自动变化检测方法，快速生成了全省年度林地变更信息，为省林业厅开展林地变更调查提供了重要依据。

5. 服务资源环境承载能力监测预警

基于地理国情监测成果，构建了资源环境承载能力监测预警技术支撑平台，实现了土地资源、水资源、环境、生态、城市化地区、农产品主产区、重点生态功能区、海洋空间资源、海洋渔业资源、海洋生态环境、海岛资源环境、重点开发用海区、海洋渔业保障区、重要海洋生态功能区等 14 个专题评价和超载类型划分，以及集成评价和预警等级生成的自动化和定制化成果。此外，还同时提供图表制作、统计分析等技术工具和预警推演、情境分析等辅助决策功能，为发展改革、国土资源、水利、环保、海洋等相关部门开展相关评价提供了重要的技术支撑和决策支持。

6. 服务文保遗产监测

结合文物部门开展大运河文化遗产的监测工作需求，浙江省积极利用地理国情监测成果，分析遗产区域地类格局及地类流向，为浙江省大运河世界文化遗产监测年度报告编制提供数据支撑。

三 面向未来 地理国情监测将在自然资源管理中发挥重要作用

根据深化党和国家机构改革的总体要求，围绕自然资源部在自然资源调查、保护、监管等方面的职责，为充分发挥地理国情监测在技术、人才、团队、装备和数据方面的优势，地理国情监测技术和成果将在自然资源统一调

查、自然资源开发保护、空间规划体系建立、自然资源监管、自然资源确权登记、自然资源有偿使用等方面提供全方位的支撑服务保障。

（一）协助开展自然资源调查

开展自然资源调查是实现自然资源管理的重要基础，地理国情监测可以在自然资源分类标准制定、监测指标、监测平台及自然资源评价方面提供全方位的技术服务。

地理国情监测可以为自然资源分类标准制定提供支撑。地理国情监测分类标准基本涵盖了自然和人文地理要素的空间现状，其制定过程还综合考虑了各行业调查分类标准的实际情况，因此地理国情监测的分类标准具有通用性、综合性和规范性特征，可为融合"山水林田湖草"各类自然资源调查标准提供参考。

地理国情监测可以为自然资源调查提供精确的空间分布、数量等数据，同时运用高光谱、雷达等多源遥感手段，还可以为部分重点地区的自然资源调查提供质量、生态信息等数据。

已建成的地理国情监测平台具备了海量空间数据的分析、运算、存储、管理能力，可以直接为自然资源调查、管理、评价工作提供技术支撑服务。

（二）服务自然资源开发保护

建立严格的自然资源开发利用和保护监管就是要建立完善自然资源保护和节约集约利用制度，落实耕地保护和占补平衡制度，健全草原、森林、湿地保护和占用补偿制度，建立生态保护红线、永久基本农田、城镇开发边界"三线"管控。目前，利用地理国情监测技术及成果，已开展了资源承载力和国土开发适宜性评价，为划定"三线"提供了重要依据；已经完成的地理国情监测中耕地耕作状态调查成果，可以为耕地保护提供重要依据。

（三）服务空间规划体系

建立空间规划体系，推行"多规合一"并监督规划实施，也是自然资源部门的重要职责。在前期"多规合一"试点工作中，地理国情监测成果和技术已经发挥了重要作用，为划定"三类空间"，编制空间规划底图提供重要基础。下一步，在建立空间规划体系、编制国土空间规划工作中，地理国情监测成果依旧可以扬之所长，充分发挥技术和数据优势，为国土空间规划编制提供技术支撑和数据保障。在实施规划监测工作中，地理国情监测数据成果以及高光谱、雷达、无人机等硬件设备，可以为客观、快速、实时的规划监测提供保障。

（四）服务自然资源监管

健全自然资源资产监管体制是"切实履行全民所有各类自然资源资产所有者职责"的重要手段，而地理国情监测成果客观、现实、精细，完全符合自然资源资产监管的数据要求。此外，近年来地理国情监测已经成功应用于自然资源资产审计工作，在自然资源资产调查评价工作中积累了丰富的经验，已经建立了包含土地资源、森林资源、水资源、海洋资源、矿产资源、大气资源、生态环境状况等 7 个方面的自然资源资产评价指标体系，可以为接下来的自然资源资产监管工作提供更好的支撑保障。

（五）协助自然资源确权登记

自然资源管理要以统一确权登记为基础，依托地理国情监测平台，运用地理国情监测的空间调查技术，可以为确定"山水林田湖草"等各类自然资源的空间分布、边界及变化情况提供支撑，辅助自然资源确权登记工作的开展。

（六）助推自然资源有偿使用

自然资源资产有偿使用是生态文明制度体系的核心制度之一，包括完善土地、矿产、海域海岛有偿使用制度、完善生态补偿机制、建立耕地草原河湖休养生息制度等多项制度。基于地理国情监测的空间调查技术，一是可以开展大陆海岸线、海岛以及地表自然资源变化的监测，为土地、海岛、海域

有偿使用制度提供依据；二是可以开展重点生态功能区内自然资源的变化监测，为生态补偿提供依据；三是可以开展 25 度以上不适宜耕种且有损生态的陡坡地的监测，服务退耕还林还草，健全耕地休养生息制度。

目前，地理国情监测服务自然资源管理还处于初步探索阶段，随着政府机构改革工作的推进，地理国情监测成果和技术还将在现有基础上，通过深入探索服务模式、工作机制，更有效地助推自然资源管理和利用逐步走向法制化、精细化和节约化。

B.10
湖北省生态地理国情监测工作概述

王华　史琼芳　李雪梅　车风*

摘　要： 湖北省基于生态地理国情监测的应用目标，初步构建了湖北省生态地理国情内容指标体系和分析评价体系。本文详细阐述了湖北省生态地理国情监测的实施流程，介绍了如何利用信息化手段提升湖北省生态地理国情监测的工作效率，总结了湖北省当前生态地理国情监测工作的不足之处以及需要改进完善的地方，为全面开展生态地理国情监测工作提供了思路。

关键词： 生态地理国情　地理国情　监测　湖北省

一　生态地理国情

生态地理国情指自然资源与生态环境方面状况的国情信息，包括矿产、水、林地、耕地、草地、生物、大气等内容，由生态地理国情内容指标体系与分析评价体系组成，主要用来为自然资源开发和保护、国土空间规划、生态环境修复、生态环境监测和执法等方面提供决策服务。

生态地理国情监测主要有以下五个层次的应用：一是基础性生态地

* 王华，湖北省测绘地理信息局基础测绘处处长，正高级工程师；史琼芳，湖北省测绘成果档案馆工程师；李雪梅，湖北省航测遥感院高级工程师；车风，湖北省航测遥感院工程师。

理国情信息发布，如矿产、水、林地、耕地、草地、生物、大气等各种内容指标数据公布，满足政府、公众初步了解相关国情方面的情况；二是对两个时期生态地理国情内容指标进行比较，获取变化情况，实现自然资源与生态环境的有效管理，如领导干部自然资源资产离任审计；三是对自然资源与生态环境破坏事件进行实时监控，如快速发现水污染、大气污染、自然灾害等现象；四是开展自然资源和生态环境方面的相关科学研究，挖掘自然资源和生态环境变化原因，分析变化趋势；五是对自然资源开发利用和生态环境重大工程影响进行模拟推演，提供决策服务，如演变预测生态修复工程、重大经济活动等对生态环境的影响，保障重大决策的科学性。

二　生态地理国情内容指标体系与分析评价体系

根据生态地理国情监测的应用目标，结合湖北省生态文明体制改革内容，借鉴国内相关研究成果，初步构建了湖北省生态地理国情内容指标体系和分析评价体系。

（一）生态地理国情内容指标体系

生态地理国情内容指标体系描述生态地理国情要素的内容分类和相关指标。时空化、精细化的生态地理国情要素是构建生态地理国情的前提，是生态地理国情分析评价的基础，是保障监测结论科学、可靠的基础，必须保证其内容与指标的精准性。生态地理国情内容指标体系包括三个方面：内容分类体系、要素指标体系和指标采集要求。

1. 内容分类体系

生态地理国情内容按照要素隶属关系，划分为一级类、二级类、三级类，各级分类要素均为时空化的地理实体数据。湖北省生态地理国情内容分类体系示例见图1。

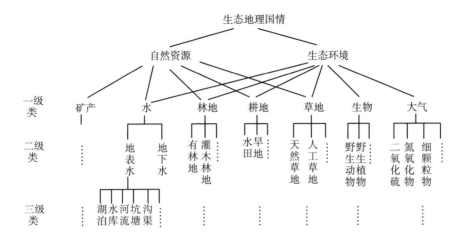

图1　湖北省生态地理国情内容分类体系示例

2. 要素指标体系

生态地理国情要素指标即要素属性内容，包括数量指标和质量指标两大类，如湖泊蓄水量、湖泊水质类型。赋予这些属性信息后的地理实体数据即为时空化、精细化的生态地理国情要素。湖北省生态地理国情要素指标体系示例见表1。

表1　湖北省生态地理国情要素指标体系示例

一级类	二级类	三级类	要素指标
矿产			位置、面积、储量……
水	地表水	湖泊	名称、位置、面积、蓄水量、水质……
		水库	
		河流	
		坑塘	
		沟渠	
	地下水		位置、蓄水量、水质……
林地	有林地		位置、面积、林种、等级……
	灌木林地		
	……	……	
耕地	水田		位置、面积、质量等级……
	旱地		
	……	……	

127

续表

一级类	二级类	三级类	要素指标
草地	天然草地		位置、面积、质量等级……
	人工草地		
	……	……	
生物	野生动物		名称、位置、种类、数量……
	野生植物		
	……	……	
大气	二氧化硫		位置、排放量……
	氮氧化物		
	细颗粒物		
	……	……	

3. 指标采集要求

指标采集要求是指每个要素指标的采集标准，如林地图斑面积≥667 平方米，水质等级划分为Ⅰ类、Ⅱ类、Ⅲ类、Ⅳ类、Ⅴ类、劣Ⅴ类等。

湖北省生态地理国情内容指标体系融合了测绘、国土、水利、环保、林业等部门自然资源及生态环境的内容分类与指标，但是还不够完善，目前正在调整与优化。

（二）生态地理国情分析评价体系

生态地理国情分析评价体系揭示生态地理国情的时空演变规律和内在关系。科学合理的分析评价体系是构建生态地理国情的关键，决定生态地理国情信息能否充分满足应用需求。生态地理国情分析评价体系主要由评价指标体系、指标权重、计算方法和评价标准及结论4个部分组成。

1. 评价指标体系

生态地理国情评价指标即生态地理国情的关联影响因子，反映某一区域内自然资源实物量及生态环境质量特征。由于各地区地理环境和自然条件不同，分析评价所采用的指标体系必须切实结合本地区的具体情况来建立。

生态地理国情评价指标体系采用N级多指标综合评价作为基本框架，

既能用于各类资源的单项评价，又能用于所有资源的综合评价。评价指标类型主要包括数量因子和质量因子。湖北省生态地理国情四级评价指标体系示例见表2。

表2 湖北省生态地理国情评价指标体系示例

一级指标	二级指标	三级指标	四级指标
生态地理国情综合指数	自然资源状况指数	矿产资源指数	矿产资源单位面积储量
			矿产资源开发利用率
			……
		水资源指数	地表水面积占比
			地表水蓄水量变化率
			地下水蓄水量变化率
			……
		林地资源指数	林地面积占比
			森林覆盖率
			森林单位面积蓄积量
			……
		耕地资源指数	耕地面积占比
			耕地面积变化率
			……
		草地资源指数	草地面积占比
			天然草地面积占比
			……
	生态环境状况指数	水环境指数	地表水源地水量达标率
			地下水源地水量达标率
			地表水达到Ⅲ类水体比例
		生物环境指数	地表水水质极差水体比例
			……
			野生动物丰度
		大气环境指数	野生植物丰度
			……
			细颗粒物（PM2.5）平均浓度
			空气质量优良天数比率
			平均霾日天数比率
			……

从表1和表2可以看出，生态地理国情要素指标是分析评价指标的基础。

2. 指标权重

指标权重主要体现单项指标在评价指标体系的相对重要性，反映各指标之间的相互影响和内在关系，揭示单项指标对综合指标的作用效果。

常见的确定权重系数的方法有：专家调查法、层次分析法、专家评判法、环比评分法等主观经验判断方法，以及主成分分析法、熵值法、多目标规划法等客观分析计算方法。本文将上述两大类中的多种方法结合起来，采用交互式渐进方式，通过多次试验循环，不断调整修正，确定最佳协调权重。

3. 计算方法

综合指数计算方法主要有等权几何平均算法、加权求和法等。本文采用加权求和法，用每个指标分别乘以权重，再求其总和，这个加权总和即为生态地理国情综合指数，即生态地理国情一级指标。

4. 评价标准及结论

将生态地理国情现状评价等级划分为"好、较好、一般、较差、差"五个等级，变化评价等级划分为"无明显变化、略有变好、明显变好、显著变好、略有变差、明显变差、显著变差"七个等级。借助专家知识建立各个评价等级对应的标准值域范围，建立反映地区发展差异和不平衡性的分区评价标准。根据计算得到的生态地理国情综合指数及其变化值评定等级，对生态地理国情现状及变化情况进行定性评价，并分析变化趋势和变化原因，形成评价结论。

依据《自然资源资产负债表试编制度（编制指南）》（湖北省统计局2016年3月28日）和《湖北省领导干部自然资源资产离任审计操作指南（试行）》（鄂审经责发〔2016〕129号），湖北省初步建立了上述生态地理国情分析评价体系，但实际应用还不多，目前正在联合武汉大学、华中师范大学等高等院校进行研究与完善。

三 生态地理国情监测的实施

生态地理国情监测是对生态地理国情要素进行动态获取、处理、统计、比较、分析评价及应用的过程。湖北省基于初步构建的生态地理国情内容指标体系与分析评价体系，开展了生态地理国情监测工作，总体实施流程如图 2 所示。

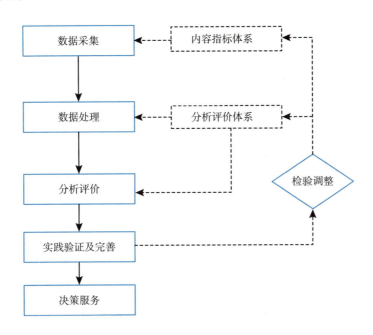

图 2　湖北省生态地理国情监测总体实施流程

湖北省在生态地理国情监测实施过程中，本着"边监测，边应用"原则，对每个流程环节的监测成果均开展了深入应用。

（一）数据采集

数据采集是根据内容指标体系生成空间化、实物化、可视化的生态地理国情要素数据集。

1. 数据收集与整理

采取直接获取、间接获取、直接获取与间接获取相结合三种方式收集与获取生态地理国情相关数据，再进行空间化、实物化处理。

空间化就是基于统一空间基准，根据生态地理国情内容指标体系，建立自然资源、生态环境与地理实体间的空间分布对应关系。主要包括以下三个环节：①利用测绘地理信息部门的基础地理信息作为基础数据支撑，整理出各类自然资源或地理单元的空间分布基础底图；②将空间分布基础底图与从相关行业部门收集的专题资料进行叠加对比，统计各类自然资源数量差异和空间分布范围差异；③借助最新影像资料，辅以外业核查，确定区域内每一类自然资源的数量和每一个地理实体要素的空间分布范围，然后以自然本体属性为准，剔除数量差异与空间分布差异，保证数据的精准性。实物化是指基于空间化的自然资源和生态环境现状数据，根据生态地理国情内容指标体系，丰富完善地理实体要素的属性信息。

空间化、实物化后的自然资源和生态环境现状数据即为生态地理国情要素数据。

2. 内容指标应用

生态地理国情要素的某些内容指标作为基本国情信息，如自然资源的空间位置、数量及其部分自然和人文属性信息，可直接发布应用，让政府和公众简单了解湖北省自然资源的基本家底状况。例如，根据湖北省自然资源资产负债表编制的应用需求，对时空化、精细化的耕地、林地、草地等要素进行基本统计计算得到耕地、林地、草地总面积，从而准确摸清了耕地、林地、草地等资源资产基本情况，而且改变了传统台账统计方式编制负债表的一些弊端。

湖北省第一次全国地理国情普查及基础性地理国情监测基于自然资源的本体属性，获取了地表覆盖和基础性地理国情要素信息，通过基本统计，向社会公布了种植土地、林草覆盖、房屋建筑、水域、地理单元、道路交通等国情要素的位置分布、面积、长度、数量等信息，为湖北省生态地理国情监测提供了客观性强、现势性好的基础数据，但是其内容指标体系还需进一步完善。

（二）数据处理

数据处理是根据分析评价体系，对生态地理国情要素进行数据预处理，计算单项评价指标。

1. 数据预处理

数据预处理是指根据评价指标计算需要，对生态地理国情要素进行提取、重新分类、空间叠加等操作，生成分析评价所需的数据集。例如，针对地表水达到或好于Ⅲ类水体比例指标，需要将湖泊、水库、河流进行空间叠加形成新的地表水现状数据后，再提取水质类型为Ⅰ类、Ⅱ类、Ⅲ类的要素作为参与指标计算的要素集。再如，针对森林覆盖率指标，需要将林地现状数据中的有林地、国家特别规定灌木林地重新分类组合为森林现状数据，作为参与指标计算的要素集。

2. 单项指标计算

单项指标计算是指根据计算公式，计算生态地理国情分析评价体系中的单项指标值。如耕地面积占比 $RS_{耕} = S_{耕}/S_{总} \times 100\%$ 。式中，$S_{耕}$ 为耕地总面积，$S_{总}$ 为区域总面积。耕地资源变化率 $\Delta S_{耕} = (S_{耕2} - S_{耕1})/S_{耕1} \times 100\%$ 。式中，$S_{耕1}$ 为年初（上年末）耕地总面积，$S_{耕2}$ 为年末耕地总面积。森林覆盖率 $RS_{森林} = S_{森林}/S_{总} \times 100\%$ 。式中，$S_{森林}$ 为森林总面积，$S_{总}$ 为区域总面积。

3. 单项指标应用

数据处理过程中计算得到的单项指标作为量化指标，可用于自然资源和生态环境的管理。例如，根据湖北省领导干部自然资源资产离任审计应用需求，通过叠加对比两期遥感影像，分析林地、耕地、地表水等自然资源空间分布范围指标的变化，从而发现了审计区域内乱砍滥伐、征占用耕地、围湖造田等违法破坏自然资源问题，大大提高了审计效率。

（三）分析评价

分析评价是根据分析评价体系，计算生态地理国情综合指数，生成评价结论。

1. 综合指数计算

（1）指标标准化。由于各单项指标单位不相同或数值相差太大等问题，各指标之间不具可比性，在计算综合指数前必须对单项指标进行标准化处理。一般采用极差标准化方法，将原始数据都转化成 0 ~ 100 区间的无量纲数值，消除因数据量纲不同或数据悬殊导致的影响。

（2）加权求和法计算综合指数。首先由指标标准化后的四级指标通过加权求和得到三级指标，再由三级指标通过加权求和得到二级指标，最后由二级指标加权求和得到一级指标，即生态地理国情综合指数。

设一级指标为 A，二级指标为 B = {B_1，B_2}，三级指标为 C = {C_i}，四级指标为 D = {D_j}，D 为指标标准化后的值；相应的二级指标权重集合为 {x_1，x_2}，三级指标权重集合为 {y_i}，四级指标权重集合为 {z_j}。其中，i = (1，2，…，m)，j = (1，2，…，n)，m 表示三级指标个数，n 表示四级指标个数。

三级指标具体计算公式为：$C = \sum_{j=1}^{q}(z_j \times D_j) + \sum_{j=q+1}^{n}[z_j \times (100 - D_j)]$，式中 q 代表正向指标个数。

二级指标具体计算公式为：

$$B = \sum_{i=1}^{m}(y_i \times C_i)$$

一级指标具体计算公式为：

$$A = x_1 \times B_1 + x_2 \times B_2$$

A 代表生态地理国情综合指数，B_1 代表自然资源状况指数、B_2 代表生态环境状况指数。

2. 综合评价

（1）根据计算得到的生态地理国情综合指数所处的值域范围，评定具体等级，分析生态地理国情现状情况。例如，生态地理国情综合指数值若在 0.8 ~ 1 区间，则代表生态地理国情现状为"好"，说明自然资源丰富、生态环境质量很好。

（2）为更准确地分析自然资源及生态环境变化情况，再将生态地理国情综合指数的变化度进行分级。设定生态地理国情指数的一个基准值，比较计算所得的综合指数与基准值的差值，根据差值所处的变化幅度范围，评定具体等级，分析生态地理国情变化情况。如果生态地理国情变化情况为"显著变差"，说明自然资源受到严重破坏、生态环境质量恶化。

（3）通过监测连续几年的生态地理国情现状，分析这个时期内生态地理国情变化趋势，揭示单项指标对综合指数的影响规律，从而找出变化原因。

形成评价报告时结论观点应鲜明清晰，不能含糊不清，要有实际的指导意义，不能纸上谈兵。评价结论明确表示生态地理国情现状是好、较好、一般、较差或差，生态地理国情变化情况是显著变好还是显著变差。

3. 综合分析评价成果应用

生态地理国情综合分析评价成果客观、真实地反映了自然资源与生态环境现状及变化情况，可为政府提供权威、客观、准确的地理国情信息，是制定和实施发展战略规划、优化国土空间开发格局和各类资源配置的重要依据，是推进生态环境保护、建设资源节约型和环境友好型社会的重要支撑。生态地理国情综合分析评价揭示了自然资源与生态环境的变化趋势及变化原因，可为自然资源合理开发利用、生态环境修复提出科学的建议。

（四）实践验证及完善

生态地理国情分析评价结论需要在实践中验证，而且要能够被验证。通过对比分析评价结论与自然资源和生态环境真实现状是否一致，或者利用分析评价体系反演过去生态地理国情状况是否接近或符合真实情况，来验证生态地理国情内容指标体系与分析评价体系是否科学、合理。如果评价结论与真实情况不一致，则需要继续调整完善内容指标体系与分析评价体系，直至形成真实、可靠的评价结论，满足实际应用需求。

实践验证及完善过程实质上是通过无限接近地模拟生态地理国情现状，挖

掘生态地理国情评价指标的相互作用和影响机制。这也是生态地理国情监测的深层次应用，即研究生态地理国情关联影响因子及其作用规律，分析自然资源与生态环境的变化原因，找出生态地理国情要素的时空发展规律和内在关系。

湖北省初步构建的生态地理国情内容指标体系与分析评价体系还需要进行大量的实践验证，不断修改完善。

（五）决策服务

决策服务是根据完善的分析评价体系，预演未来生态地理国情状况，为重大工程建设、重要事件处理提供决策依据，这是生态地理国情监测的最高层次应用。演变预测是对自然资源及生态环境的一种预期性实验模拟推演，在重大战略制定、重大工程实施、突发事件应急处置、地质环境灾害发生等方面亟须应用。例如，各种自然资源开发利用工程、生态环境治理与修复工程等可能导致植被变化、森林退化、泥沙变化、生物圈中的物种资源和自然景观变化、农田地表径流变化、自然灾害（地震、滑坡、泥石流）等一系列问题，在工程实施之前非常有必要预测这些工程造成的自然资源及生态环境的变化趋势，保障重大决策的可行性。

四　生态地理国情监测工作信息化

基于以上生态地理国情监测实施流程，湖北省建立了省自然资源资产监测平台，利用信息化手段大大提升了湖北省生态地理国情监测的工作效率，提高了监测结果的准确度。

（一）平台总体架构

湖北省自然资源资产监测平台主要由数据库管理系统、统计分析评价系统、信息服务系统组成。利用数据库管理系统进行自然资源数据汇集管理与数据处理，数据处理完成后由统计分析评价系统完成数据统计分析与评价，信息服务系统对分析评价成果及自然资源数据进行可视化展示、查询、发布与共享。

（二）数据库管理系统

数据库管理系统是自然资源资产监测平台的数据中心，它根据内容指标体系和评价指标体系，完成生态地理国情监测过程中的数据整理与数据预处理任务。

数据库管理系统基于统一空间基准，采用分布式的高性能并行入库技术，根据内容指标体系，对自然资源数据进行汇集管理，建立空间化、实物化、可视化的自然资源资产数据库，为生态地理国情监测提供基础数据支撑。系统还支持采用人机交互的方式，根据评价指标体系，对已入库的自然资源专题数据进行要素提取、重新分类整理、空间叠加分析等，生产满足评价指标计算所需的数据集。

（三）统计分析评价系统

统计分析评价系统是自然资源资产监测平台的计算中心，它根据分析评价体系，完成生态地理国情监测过程中的单项指标计算、综合指数计算与综合评价任务，为生态地理国情监测提供技术支撑。

统计分析评价系统基于前期处理完成后的数据集，采用大数据平台的高性能统计分析技术，利用分析评价体系中已建立的计算方法，计算各单项指标、自然资源状况指数、生态环境状况指数及生态地理国情综合指数；采用大数据分析的遥感影像自动变化检测技术，快速发现变化图斑。最后，系统通过数据库驱动的快速图件制作技术和专家决策知识，根据分析评价体系中已建立的综合评价模型，自动生成统计数据集、评价专题图、统计分析报表、评价报告。

（四）信息服务系统

信息服务系统是自然资源资产监测平台的服务中心，它基于自然资源资产数据库及统计分析评价成果，采用"互联网＋地理信息"技术模式实现生态地理国情信息成果的可视化展示、发布与共享，为自然资源资产有关管理部门和应用对象提供信息支撑和服务。

目前，湖北省自然资源资产监测平台在试点区域领导干部自然资源资产离任审计、林业部门森林资源监测工作中发挥了重大作用，大大提高了相关部门的工作效率。

五　结语

加强自然资源与生态环境管理是贯彻落实五大发展理念和生态文明建设战略决策的重要举措，因此，生态地理国情监测成为推进生态文明体制改革的一个重要手段。湖北省在生态地理国情监测方面做了大量研究与实践，初步构建了湖北省生态地理国情内容指标体系与分析评价体系，在此基础上开展了试点区域生态地理国情监测工作，并通过开发湖北省自然资源资产监测平台，采用信息化手段大大提升了生态地理国情监测的工作效率。目前，湖北省生态地理国情监测工作在湖北省领导干部自然资源资产离任审计、"多规合一"、生态红线优化、森林资源监测等工作中得到了有效应用。但是，由于该省生态地理国情监测工作刚刚起步，具体实践验证工作不够，生态地理国情内容指标体系与分析评价体系还不完善，需要在长期实践的反演与预演验证中不断调整优化。

目前，我国生态地理国情监测工作整体上处于初始推进阶段，而且是一项长期、复杂、艰巨的系统工程。要做好生态地理国情监测，必须在实施过程中不断完善内容指标体系与分析评价体系，保障监测结论科学、合理、实用，并不断创新信息化技术，提升数据获取效率，提高数据智能化处理能力和数据智慧分析能力，不断挖掘生态地理国情监测与生态文明建设的结合点，为政府战略决策和长远发展提供更科学的决策支持。

参考文献

库热西·买合苏提：《发挥地理国情监测在生态文明建设中的作用》，《中国党政干部论坛》2016 年第 6 期。

李维森：《地理国情普查、监测与展望》［A］，库热西·买合苏提：《测绘地理信息转型升级研究报告（2014）》，社会科学文献出版社，2014。

刘耀林、王程程、焦利民：《地理国情多层次统计分析与评价指标体系设计》，《地理信息世界》2015 年第 5 期。

曲潍丰：《地理国情监测数据自动变化检测技术研究及系统研发》，西南交通大学硕士学位论文，2017。

屈颖、巩垠熙、陈思宇等：《地理国情评价体系构建及应用初探》，《测绘标准化》2017 年第 3 期。

任晓茹：《基于地理国情统计分析的资源环境承载力评价》，武汉大学博士学位论文，2017。

宋时文、黄克城：《基于地理国情监测开展生态审计的思考》，《地理空间信息》2016 年第 5 期。

王华、陈晓茜：《地理国情监测的需求研究》，库热西·买合苏提：《测绘地理信息转型升级研究报告（2014）》，社会科学文献出版社，2014。

王华、陈晓茜：《雷电地理国情监测的实践与探索》，徐德明：《中国测绘地理信息创新报告（2012）》，社会科学文献出版社，2012。

王华、洪亮、周志诚等：《地理国情监测的应用分析和对策》，《地理空间信息》2016 年第 1 期。

武琛：《地理国情监测内容分类与指标体系构建方法研究》，山东农业大学硕士学位论文，2012。

谢明霞、王家耀：《地理国情分类区划及分级评价模型》，《测绘科学技术学报》2015 年第 2 期。

徐泓、曲婧：《自然资源绩效审计的目标、内容和指标体系初探》，《审计研究》2012 年第 2 期。

张辉峰、桂德竹：《地理国情监测支撑生态文明全过程建设的思考》，《遥感信息》2014 年第 4 期。

应 用 篇

Applications

B.11

面向城市总体规划实施的
城市体检研究与应用

——北京"城市体检"的新进展

温宗勇[*]

摘 要： 针对北京日益突出的大城市病问题，本文结合地理国情普查及监测成果等海量空间大数据的应用，提出了"城市体检"的理念、方法和体系。通过在市级、区级（街道）等层面开展的城市体检应用研究，形成了以海量空间大数据为核心的城市体检指标体系等六项技术成果和四项技术创新。城市体检研究的成果可以为城市转型发展、智慧城市建设和政府精细化管理与决策提供重要的数据支撑和技术方法示范。

关键词： 城市体检 城市总体规划 大数据 大城市病 地理国情监测

---

[*] 温宗勇，北京市测绘设计研究院院长，博士，教授级高工，享受国务院政府特殊津贴，研究方向为地理信息大数据应用。

一 研究背景

（一）"城市体检"概念的提出

随着海量测绘地理空间大数据的不断迅速积累，尤其以地理国情普查及常态化地理国情监测为代表的数据量及类型日益增长，数据应用及服务能力亟待提升。

而北京随着城市快速发展，大气污染、交通拥堵等不和谐、不宜居的大城市病日益凸显。缺乏以空间数据为基础的定量分析、问题根源认识不足导致城市病问题成为一大难题。

城市体检正是在此背景下提出的[①]，从地理国情普查与监测成果的应用出发，结合日益突出的大城市病问题，应用测绘地理信息空间大数据对特大城市精细化管理进行分析评估。同时，我们提出了城市体检的理念、方法[②]和体系。面向城市不同尺度及体检目标，城市体检分为首都级、市级、区级（街道）等三个层次，本文重点介绍后两级的研究成果（见图1）。

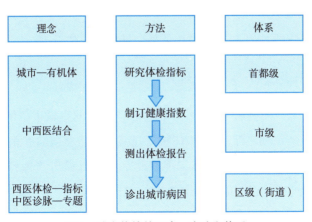

图1 城市体检的理念、方法和体系

---

① 温宗勇主编《走向大数据——从数字北京到智慧北京》，测绘出版社，2015，第390~396页。
② 温宗勇：《北京"城市体检"的实践与探索》，《北京规划建设》2016年第2期，第70~73页。

（二）试点先行

2015 年 11 月 3 日，国务院第一次全国地理国情普查领导小组办公室发文，将北京市"城市体检"列为全国地理国情普查综合统计分析试点（国地普办〔2015〕20 号）。北京市测绘设计研究院以丰台区 3 个镇街作为研究区域，开展了"城市体检"的试点工作，完成了"城市体检"报告。"城市体检"工作是对特大城市精细化管理的实践与探索，是全国第一次地理国情普查在北京市城市管理中的具体应用。

（三）平台搭建

为高质量推进"城市体检"工作，2015 年 6 月，北京市测绘设计研究院联合国内外多家单位，搭建了开放式国际化产学研平台，成立了北京地理国（市）情监测与城市评估研究中心，并建立了管理机制、交流机制和成果发布机制。通过该平台，建立一支集数据、研究、评估为一体的多方位立体式队伍。

二　最新进展

针对市级和区级（街道）城市体检，进展情况如下。

（一）市级层面：对接总规

"城市体检"的提出受到了空前的重视。适逢北京城市总体规划（以下简称"总规"）修编之际，"城市体检"试点成果直接被纳入总规修编内容。2017 年 2 月 24 日，习近平总书记视察北京工作时提出"做好城市体检"。城市体检作为一项规划实施机制首次写入总规文本。

为探索总规实施的年度体检思路，自 2016 年底，北京市测绘设计研究院会同北京市规划和国土资源管理委员会研究室、北京市城市科学研究会联合开展了"智慧城市建设背景下的城市体检评估研究"，与北京城市新总规相对接，使得国情普查与监测等测绘地理空间大数据直接与城市对接，融入国民经济发展的主战场。

2017 年 9 月 13 日，《北京城市总体规划（2016～2035 年）》经中共中央、国务院批复，成为"北京市城市发展、建设、管理的基本依据"①。城市体检评估机制成为总规实施的监督考核问责手段。

1. 年度城市体检的定位

北京市年度城市体检的设计主要遵循以下四个导向。

（1）对于总体规划的意义：由几年一次的"结果性评估"转为每年一次的"过程性评估"，对总规实施进行常态化检测，提供充分的信息反馈，达到更好的实施总规效果。主要作用是收集信息，为其他工作提供素材，并确保总体规划的实施符合预定方案，提供预警和监测。

（2）对于城市管理的意义：实施城市总体规划是贯彻落实习近平总书记重要讲话精神的重要抓手，北京市城市体检被提升到一个前所未有的高度，从单一的规划视角转向政府运行的全局角度。在具体实施中由市政府统筹、各委办局分工协作，对于城市体检评估成果也需要反馈到政府部门，形成"规划—体检—管理"的良好机制，为城市管理决策提供有力支撑。此外，在城市体检中还可对区县规划实施状况进行比较和考核。

（3）形成常态化的工作模式：对城市总体规划年度实施状况进行评价，目的不仅仅是探求规划实施的结果，更重要的是通过连续的年度实施评价比照研究，从中挖掘整个规划运作过程中（包括规划编制、规划实施等方面）可能存在的问题。做可操作的、有重点的、相对全面的、可扩充的、连续性的城市体检，形成常态化的工作模式才能为城市总体规划的动态监测提供坚实基础。

（4）融入"智慧城市"理念：在智慧城市的背景下，以大数据分析为技术支撑，推动城市规划实施深化信息化建设，逐步提高城市规划、城市治理、城市管理的智能化程度，使城市体检成果更加科学、客观与直观。

2. "1＋N"年度城市体检框架

在城市体检方案中，立足体现年度总体规划实施的作用、"规划—体检—

---

① 中共中央、国务院关于对《北京城市总体规划（2016～2035 年）》的批复。

管理"的良好机制、常态化的工作模式、智慧城市理念，构建了"1 + N"年度城市体检框架，包括一套指标体系，N个专题，即通过建立一个城市体检平台，每年完成一个年度城市体检报告，以城市体检指标体系评估结果及有侧重的 N 个专题报告，形成年度综合评估内容。指标评估是以规划目标为导向，而专题分析则是以城市问题为导向，两者一横一纵，既有广度，又有深度，有机结合，互为补充。

（1）基于总规的城市体检指标体系研究。采用"分级、分层、分类"方法对新总规"建设国际一流的和谐宜居之都评价指标体系"等进行全面梳理和细化分类，形成了 117 项城市体检指标，为科学评价规划实施情况奠定基础。以总规目标为导向，进行总体规划目标值的年度细化，采用市区两级指标评价表分别进行指标评价，并基于多源数据对指标进行深度评估与分析，最终形成城市体检指标评估结果（见表 1）。

表 1　基于总规目标的城市体检指标分解方案（以 2020 年目标为例）

目标（2020 年）	分目标（2020 年）	子目标（2020 年）	指标数	
			总	一二级
建设国际一流的和谐宜居之都取得重大进展，率先全面建成小康社会，疏解非首都功能取得明显成效，"大城市病"等突出问题得到缓解，首都功能明显增强，初步形成京津冀协同发展、互利共赢的新局面	中央政务、国际交往环境及配套服务水平得到全面提升	开放发展，国际交往环境得到全面提升	17	14
		中央政务服务水平得到全面提升		
		有序疏解非首都功能，优化提升首都功能		
	初步建成具有全球影响力的科技创新中心	坚持创新发展，提高发展质量	9	8
		提高发展效率		
	全国文化中心地位进一步增强，市民素质和城市文明程度显著提高	塑造传统文化与现代文明交相辉映的城市风貌景观格局	10	10
		市民素质和城市文明程度显著提高		
	人民生活水平和质量普遍提高，公共服务体系更加健全，基本公共服务均等化水平稳步提升	人民生活水平和质量普遍提高	25	20
		构建覆盖城乡、优质均衡的公共服务体系		
		完善购租并举的住房体系，实现住有所居		
		提升城市安全保障能力		
	生态环境质量总体改善，生产方式和生活方式的绿色低碳水平进一步提升	严守城市开发边界，遏制城市摊大饼式发展	58	32
		缓解城市交通拥堵		
		全面改善生态环境		
		提升基础设施运行保障能力		

（2）智慧城市背景下的城市体检技术研究。对城市体检中可能涉及的相关技术进行研究，构建城市体检技术体系，主要包括三个方面：一库、一平台及大数据支撑技术。以市测绘院"数据航母"为基础，整合与城市发展相关的十大专项数据及指标数据库，进行了城市体检空间大数据中心设计与搭建。采用互联网数据抓取、文本分析、分布式计算、深度学习等大数据处理技术，实现城市体检指标的快速计算、信息挖掘、统计分析、动态监测及体检成果的自动输出，推动城市体检由"人力"向"人工智能"的转型（见图2）。

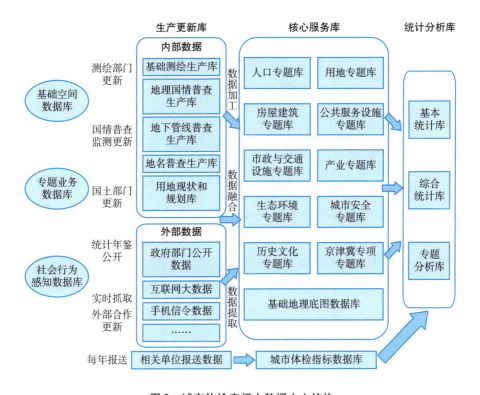

图2　城市体检空间大数据中心结构

（3）面向常态化监测的城市体检机制研究。根据总规要求，研究及设计了城市体检评估工作程序，体现城市体检评估对于两会及政府工作的作用，纳入公众参与，体现年度评估的意义。同时建议成立城市体检中心，并

对城市体检组织机制、信息共享机制及反馈机制、评估制度建设等提出了相关建议（见图3）。

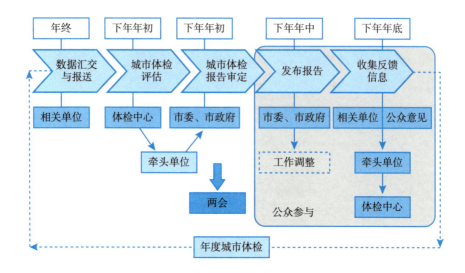

图3　城市体检评估的工作程序

3. 智慧城市背景下的城市体检

智慧城市背景下的城市体检，主要体现在以下几个方面。

（1）指标评估。采用新型手段进行指标数据的获取或校核；结合各委办局报送的信息，以动态实时监测数据作为因子，在城市体检平台中进行体检指标的动态检测，并根据"评估目标—评估指标—监测数据—绩效判断"指标评估表，形成"模板式"城市体检指标评估报告；落实"一张图"评估思路，结合大数据在时空细粒度方面的优势，基于多源数据进行指标的空间分析与动态评估。

（2）专题分析。城市体检的专题分析是以城市问题为导向的，就某一问题进行深入、细致、全面刻画，综合评估该方面问题的根源及产生原因，为城市管理提供建议。当前的大数据分析手段为城市体检的专题分析提供了有力保障，而专题分析则是充分利用大数据及相关技术为城市规划、城市治理、城市管理服务的主要手段。

（3）城市体检平台。体检平台主要内容包括城市体检综合数据库设计、技术研究及工具集开发、智能评估系统及展示系统搭建等，涵盖数据获取、集成、分析及展现，是城市体检"智力"化的主要呈现。

测绘地理信息技术是城市体检的重要支撑。城市体检评估是落实总体规划的"一张蓝图"，对空间数据提出了更高的要求，通过遥感数据和实地踏勘获取的城市现状一手数据，能够确保城市体检数据的真实性和体检结果的可靠性，是推进规划管理由定性向定量、由虚到实转变及维护规划严肃性、权威性的重要支撑。

（二）区级（街道）层面：做实做精

与市级层面的城市体检工作同步展开，形成了集理念设计、数据采集、模型方法、技术方案、软件研发、统计分析与应用决策的"打包式"推广服务模式，并逐步在丰台、石景山、西城、东城等各区、街道推广应用。

1. 城市体检总体评估

"城市体检总体评估"是针对特大城市的大城市病问题，基于空间大数据及模型分析方法，以高效、按需评估服务为目标而开展的技术研究及应用。总体评估指标分布在 8 + 1 个专题中，即房屋与土地、交通、公共设施、城市安全、城市环境、历史文化、人口、经济等八大专题及一个城市热点专题（见图 4）。以北京市第一次地理国情普查数据、社会经济专题数据、互联网动态数据为基础，对区域现状做摸查分析，构建了城市体检指标、指数及评价体系，提出了与研究区域发展阶段水平相适应的指标参考值，形成了完整的城市体检技术体系，并成功应用到北京市各委办局及各区的城市区域现状评估工作中。"城市体检总体评估"对区域现状作出了科学的评价与比较，为今后进一步发展找出"病因"，为城市建设的提升和各项事业的发展打下基础，实现全面协调、可持续性发展，具有重要的意义。

2. 城市体检专项评估

"城市体检专项评估"以居民生活与感受为出发点进行评估分析，通过问卷调查，选定菜市场、商业设施、停车设施、医疗设施、养老设施等五大

人口	人口分布反衍模型（PDAD）	空间聚集度模型（SADM）	空间相关性模型（SCM）	空间离散度模型（SDM）
房屋与土地	土地开发程度模型（LDDM）	住宅开发程度模型（RDDM）	城市发展质量指数模型（UDQI）	覆盖度模型（CM）
交通	网络分析模型（NAM）	交通网络通达程度指数模型（TNAI）	交通网络通达能力模型（TNAM）	可达性模型（AM）
公共设施	两步移动路径模型（PUUA）	公共设施服务能力与人口分布匹配模型（PPUR）	影像分析模型（IAM）	地理优势度模型（GDM）
历史文化	景观扩张指数模型（LEIM）	景观复杂度模型（LCM）	景观稳定性模型（LSM）	景观多样性模型（LDM）
经济	地表形变危险性模型（SDRM）	热点分析模型（HSAM）	承载力分析模型（BCAM）	……
城市环境				
城市安全				

图4　城市体检总体评估模型方法

居民最关心的事项作为研究对象开展相关工作（见图5）。组织大量外业人员现场踏勘，对研究区域内的各项生活服务配套设施进行逐一调查拍摄并完成空间标绘工作，结合现行政策标准，分析各项设施与现行标准的缺口数量。同时，结合存在问题，给出规划建议。对于原有配套设施未达到现行标准的，建议区政府通过购置、置换、租赁等方式进行配置，以切实解决群众基本生活需求问题，实现"小需求不出社区，大需求不远离社区"。最后针对体检对象、研究区域的特点，给出相应的评估结果与发展建议，并最终形成文字报告，为区域发展决策与精细化管理提供数据基础。

目前已经完成西城区月坛街道和石景山区八宝山、八角、苹果园、老山等街道的生活服务设施专项评估工作。北京市人民政府研究室多次到西城区

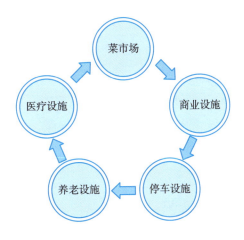

图5　城市体检专项评估内容

月坛街道办事处开展详细的城市体检工作调研，并将调研成果转交市委书记蔡奇同志。2018年4月16日，蔡奇同志直接批示，认为"月坛街道利用大数据开展城市评估提升精细化管理水平值得借鉴，东西城都要注重运用大数据提升精细化管理水平，其中生活服务设施可做合理布局"（见图6）。

3. 城市体检智能评估系统

通过建设城市体检智能评估系统，形成一套能够对研究区域信息进行综合决策分析的平台，评估成果同时在三维场景中展示，进一步提高管理的效率和科学性。评估系统可提供给用户单位数据查看、数据统计、体检结果查询等功能，通过制定数据更新机制，用户可通过软件定期更新数据，并获得该地区的城市发展数据。

图6　西城区月坛街道城市体检智能评估系统

4. 城市体检随手拍

"城市体检"需要定期对研究区域进行多源数据采集与整理，只有长期观测、多方比较，依据体检指标，完成对比分析，才能找到城市病的根源。因此，形成数据定期采集、更新和发布机制非常重要。目前已经开发完成面向公众开放的城市体检随手拍微信小程序，可基于空间位置、照片、文字、调查问卷的信息采集，实现城市变化更新数据的部分采集和调查工作。

（三）研究成果

面向城市总体规划，从理念、方法到实践，形成了以海量空间大数据为核心的含城市体检指标体系、技术体系、数据库、软件产品、流程机制、评估报告等在内的全套城市体检评估方案，形成了六项技术成果和四个技术创新点，是一项工作模式和研究内容均具有首创性、前瞻性和可操作性的工作。具体在科技创新方面表现如下。

1. 首次构建了基于城市总体规划的多尺度城市体检评估指标体系

首次构建了一套面向不同目标的 79 项首都级、117 项市级、108 项区级（街道）等多尺度城市体检评估指标，涵盖了指标、计算方法、标准值，构建了"指导—反馈，市区联动"的"立体式"综合指标评估方案。加强了对城市发展现状的把控，同时也为采用测绘地理信息手段进行指标数据获取、动态监测、检校及空间分析提供了具体应用需求。

2. 创新了基于海量个体出行行为的城市运行数据挖掘技术

基于多源新型数据采集方式，针对海量个体出行行为数据，提出了一种利用手机定位数据进行道路交通运行速度监测方法、一种基于机器视觉的地铁站客流自动检测及换乘通道通行状况模糊预测方法、一种基于公交 IC 卡及 GPS 数据的公交运行指标计算方法，提高了城市道路、地铁、公交运行情况的自动检测精度，实现了海量个体出行行为感知，并取得多项国家发明授权专利等知识产权。从人与城市间的实时交互出发，为城市体检评估提供新的信息获取手段与实时数据资源。

3. 突破了多源异构数据动态获取、多级集成与快速更新的技术

以空间资产为管理核心，提出了模拟人的行为的网络数据动态获取方法、基于空间位置和语义融合的多级数据集成方法、基于多源数据的地块图斑快速更新方法，建立了针对城市体检评估的空间大数据中心，这在国内尚属首次。基于此实现数据资源的定量化、空间化和动态化，保障城市体检评估真实、准确、延续。

4. 构建了综合、多元、智能的城市体检系列模型

基于空间分析、业务分析和数据分析的多维度技术框架，采用深度学习等先进技术，构建了一套 3 类近 50 个模型的城市体检评估综合模型库，针对不同用户的不同需求，实现了任意空间范围、指标、专项的个性化分析。研发了城市体检智能评估系统及城市体检发布平台，推动城市体检评估由"人力"向"人工智能"转型。

三　小结

城市体检从关注城市空间发展到关注城市中的人，体现了"以人民为中心"的发展理念。城市体检主要依托地理国情普查及监测数据，打通了测绘地理信息数据应用的"最后一公里"，找到了地理信息空间大数据应用的突破口。城市体检为北京城市总体规划实施提供数据和技术方法支撑，创新了城市总体规划实施机制，保障城市总体规划各项任务落到实处，确保首都"一张蓝图干到底"。此外，城市体检提升了城市精细化管理能力，为城市转型发展、智慧城市建设和政府管理决策提供重要的数据支撑和技术方法示范，引起了各级政府以及相关城市的高度关注。

B.12
空间视角下的城市群协调发展研究

黄杨 罗研*

摘　要： 城市群作为区域经济一体化的主要载体和有机整体，是当下和未来我国国土空间集约节约利用、空间利用质量提升的战略核心区，也是人口和经济活动高强度承载区，已成为我国新型城镇化建设的"主体形态"。以城市群引领和优化空间格局，实现空间上的协调发展，已成为其重要职能。本文以空间为视角，以地理国情普查为基础，结合哈长城市群监测，综合分析行政区划、基础设施、城市流、经济联系、产业结构、空间布局等城市群发展影响因素，提出城市群空间协调发展的思路和想法，为我国城市群建设发展提供参考。

关键词： 城市群　城市流　三生空间　三条控制线　协调发展

一　引言

城市群是在特定的地域范围内具有相当数量的不同性质、类型和等级规模的城市，依托一定的自然环境条件，以一个或两个特大或大城市作为地区经济的核心，借助于综合运输网的通达性，发生与发展着城市个体之间的内

---

* 黄杨，国家测绘地理信息局经济管理科学研究所（黑龙江省测绘科学研究所）所长，高级工程师，研究方向为国土空间规划和倾斜摄影技术；罗研，国家测绘地理信息局经济管理科学研究所（黑龙江省测绘科学研究所）高级工程师，研究方向为国土空间规划和地理国情监测。

在联系，共同构成一个相对完整的城市"集合体"。当前，城市群已经成为各国经济发展的最大贡献者，也是国家参与全球化竞争的主力。

新时代下，中国区域经济集聚的空间范围已不再完全是以省份为单位，而是逐渐趋向以城市群为主体，这种由省域经济向城市群经济的转变，使得以城市群为核心的空间发展格局正日渐形成。十九大报告明确提出，我国将"以城市群为主体构建大中小城市和小城镇协调发展的城镇格局，加快农业转移人口市民化"，并在"加快生态文明体制改革，建设美丽中国"中明确提出，"完成生态保护红线、永久基本农田、城镇开发边界划定工作"。这将意味着，城市群作为我国新型城镇化建设的"主体形态"，不论是当前还是未来，都将是我国国土空间集约节约利用、空间利用质量提升的战略核心区，也是人口和经济活动高强度承载区。因此，以地理国情普查为基础，开展城市群常态化监测，掌握权威、客观、准确、动态的城市群演变及发展空间信息数据，是摸清城市群发展家底、判断发展趋势的重要基础，可为城市群空间协调发展提供辅助决策依据，也是加快新型城镇化建设、建设美丽中国的必然选择。

强调空间视角下的协调发展，就是希望在空间性监测数据的基础上，以城市群为载体，全面实施国家主体功能区战略和要求，打破行政藩篱制约，强化空间联系，促进互补发展，增强内在动力，统筹空间布局，科学谋划人口、资源、环境的协调发展，突出城市群的区域协同效应，使城市群进入一个可度量、可模拟、可实时监测与管控、可校核、可反馈调整的新时代，最终形成人与自然和谐发展的良好格局。

二　打破行政制约，强化城市群空间联系

（一）打破行政藩篱，"软硬"兼施

城市群是一个有机整体，在发展过程中受到资金流、信息流、技术流、人流和物流等多种要素流的影响。而行政边界在某种程度上不仅制约了城市

群内部各城市的资源占有能力和发展潜力，还阻碍了要素的高效流动。而且受行政区划的制约，往往会使行政区划边界处出现合作与发展的真空区域。

因此，城市群要想发展，一定要打破这种"硬区划"壁垒，构建以不同行政单元经济联系为界线的"软区划"，加强内部各个城市间的交流合作，以此来缓解城市群发展过程中出现的矛盾和问题。但在短期内，且在城市群的不同发展阶段，"硬区划"不仅不易调整，影响效应也会不尽相同，而"软区划"则可以通过各个行政区划在边界处让渡控制权，打破等级化行政管理界限，在"硬区划"基础上构建区域间的高效合作机制，以"软区划"来弥补"硬区划"的不足，也为未来"硬区划"的调整夯实了基础。

以哈长城市群为例，哈尔滨和长春凭借区位和资源禀赋优势率先发展起来，成为城市群的两个增长极。周边地区的优势要素向增长极流动，但核心城市的行政边界阻滞了其内部要素向周边城市的流动，这种单向流动现象使得城市群内各城市之间不是协作关系，而是竞争关系。因此，要想真正解决未来城市发展问题，就要打破城市群内各城市间的行政藩篱限制，突破区域封锁，在强化哈尔滨、长春两市的核心带动作用基础上，按照市场机制来推动中小城市的发展，协调发挥其他城市的支撑作用，以哈长为发展主轴，打造哈大（庆）齐（齐哈尔）牡（丹江）发展带、长吉（林）图（们江）发展带"软区划"，"软硬"兼施地构建"双核一轴两带"的哈长城市群空间格局。

（二）加强互通互联，"基础通道"先行

城市发展，基础设施先行，城市群的发展也一样。"城市群"的落脚点在"群"，只有在"群"内基础设施尤其是交通互通互联，才能使"一群城市"变身为"一个城市群"。对一个城市群而言，建设以普通公路为基础、轨道交通和高速公路为骨干，有效衔接大中小城市和小城镇的多层次快速交通运输网络，不仅能够加速周围资源向城市群的集聚，还可以促使产业、人口在城市群内部的合理梯度分配。

促进哈长城市群建设的首要条件就是交通。哈尔滨、长春两地交通便捷，高铁1个小时即可到达，且两地之间的高铁通车车次平均每天40余次；

由长春市和哈尔滨市分别到城市群内其他城市的高铁通车车次平均每天 170
余次和 120 余次，城市群内区域交通联系紧密。但城市群内道路网络密度每
平方千米公里数仅为 0.75 公里，道路交通作为城市间联系的重要基础设施，
未来还有很大的提升空间。

即便如此，哈长城市群内交通干线及其重要基础设施不断增加，综合交
通网络体系的不断完善，使得城市化建设不断加快，中心区域向心力不断增
强，且初见效果。

因此，围绕城市群发展战略，打造优质、高效、立体化、互通互联的现
代综合交通枢纽体系，对巩固城市群的枢纽地位，强化综合交通枢纽服务的
高度、广度和深度，支撑城市群空间开发格局的形成，具有重要意义。

（三）强化空间联系，"流要素"主导

作为城市之间发生相互作用的基本方式，城市流是城市群地域内各种
"流"（包括资金流、信息流、技术流、人流和物流等）高频率、高密度、
多方向的流动现象。在市场经济导向下，多重要素在城市间的流动与融合，
促进了城市群的形成与发展，城市群即为建立在这种复杂流网络之上的复合
空间。事实上，相比城市的静态规模，城市间动态要素流动的汇集与扩散，
才是城市群发展与区域联动的核心内涵和主导要素。

我们通过对比哈长城市群 2000～2017 年城市流强度的变化量，来综合
分析"流要素"主导下的哈长城市群空间联系情况。城市流强度值越大，
说明该城市与城市群中其他城市的联系紧密，反之，则联系松散。两个监测
期的城市流强度见图 1。

2000 年，哈长城市群内只有哈尔滨市和大庆市的城市流强度刚刚超过
100，其他城市仅处于 10～85，低强度城市流使得城市间的联系度不够紧
密，哈尔滨和长春与其他城市的空间联系度最大仅分别为 0.34 和 0.28，城
市群功能尚未构建。而到了 2017 年，哈长城市群内绝大多数城市的城市流
强度均已超过 300，哈尔滨和长春与其他城市的空间联系度最大已分别达到
10.47 和 10.13，其他城市之间的空间联系度也均有了大幅度的提升，哈长

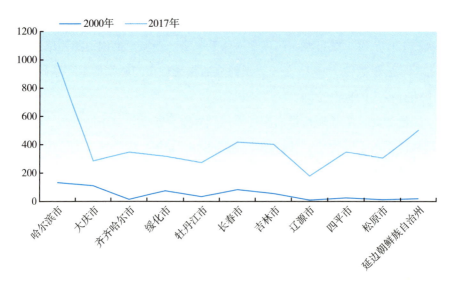

图1　哈长城市群内各城市的城市流强度

数据来源：2017 年国家地理国情监测项目"全国地级以上城市及典型城市群空间格局变化监测——黑龙江省监测区"项目成果。

城市群已初具规模。这种空间联系强度走势与哈长城市群发展主轴、"哈大齐牡""长吉图"两大经济发展带相吻合。在流要素的主导下，哈尔滨和长春成为空间联系强度最大的城市，齐齐哈尔、大庆、牡丹江、吉林齐头并进，连接和影响着整个城市网络。

由此可见，城市空间联系度与流要素的流动强度呈正相关，只有不断加大城市间流要素流动的强度和频度，才能推动城市间的联系度不断提升；只有城市间空间联系越来越紧密，城市群才能逐步实现空间上的协调发展，才能快速发展壮大。

三　促进互补发展，增强城市群内在动力

（一）加强经济联系，增强内在动力

经济联系是城市群发展的重要组成部分和城市网络格局的重要影响因

素，也是增强城市群的内在动力。一般情况下，城市群内各城市之间的经济联系强度具有两个基本特点：首先，从静态视角看，处于城市群核心地位的增长极，其经济联系强度的中心地位明显；其次，从动态视角看，随着城市群的不断发展，城市间经济联系强度显著增强，而且城市群内城市的经济联系强度往往具有明显的空间指向性，空间距离越近、通达性越好，其相互间的经济联系强度也就越强。

对比 2000~2017 年哈长城市群城市之间的经济联系强度，哈尔滨和长春作为哈长城市群中的双核心，相比城市群内其他各市，经济联系强度值均较高，2017 年，哈尔滨和长春与其余城市间的经济联系强度总值分别达到了 348.93 和 431.44，相当于处于第三位的吉林市的 4.9 倍和 6.1 倍，齐齐哈尔位列第四；此外，哈长城市群内各城市之间的经济联系强度差异较大，哈尔滨与长春的经济联系强度最高，但长春却与吉林的经济联系强度最高，延边朝鲜族自治州和辽源及其他城市的经济联系强度最弱。2000~2017 年，哈长城市群内各城市以排列组合的方式，每个方向上的经济联系强度均有不同程度的增加，长春与吉林的经济联系强度增长量最大，17 年间增加了 122.24，长春与松原次之，哈尔滨与长春位列第三（见表1）。

（二）优化产业结构，促进互补发展

城市群产业结构是群内各城市在经济互动的基础上形成的区域专业化分工的结果。各城市根据自身的基础和特色，形成自身具有综合比较优势的产业。城市群的成长过程，也是其内部产业结构不断优化、调整的过程。

仍以哈长城市群为例，从产业区位熵和产业结构相似系数两个角度，来综合分析哈长城市群 2000~2017 年的产业结构变化及其分工情况。

2000 年，哈长城市群中各城市的工业区位熵普遍大于1，也就是说，工业的服务功能占主要地位，产业结构整体偏"硬"，外向型产业发展不足；发展至 2017 年，哈长城市群中各城市的农业区位熵均呈增加趋势，工业区位熵普遍下降，现代物流业快速崛起，产业结构由传统工业逐步向现代服务业与现代农业转变。产业结构的不断调整，在一定程度上，能够推动产业互

表 1 哈长城市群城市经济联系强度*

2000年	哈尔滨市	长春市	齐齐哈尔市	绥化市	吉林市	四平市	松原市	牡丹江市	大庆市	延边朝鲜族自治州
长春市	12.88									
齐齐哈尔市	2.88	1.86								
绥化市	12.55	3.51	4.78							
吉林市	5.87	17.61	0.62	1.19						
四平市	1.61	8.44	0.42	0.58	2.42					
松原市	2.18	11.06	0.74	1.01	1.44	2.46				
牡丹江市	5.58	1.46	0.3	0.72	1.22	0.26	0.25			
大庆市	5.43	5.37	7.03	6.75	1.32	1.01	2.83	0.47		
延边朝鲜族自治州	1.72	1.23	0.16	0.32	1.73	0.26	0.19	1.23	0.27	
辽源市	0.55	1.91	0.11	0.17	1.48	1.7	0.33	0.11	0.23	0.14

2017年	哈尔滨市	长春市	齐齐哈尔市	绥化市	吉林市	四平市	松原市	大庆市	牡丹江市	延边朝鲜族自治州
长春市	104.71									
齐齐哈尔市	16.97	12.42								
绥化市	68.63	21.78	21.52							
吉林市	41.12	139.85	3.57	6.33						
四平市	11.64	69.22	2.5	3.18	17.13					
松原市	19.71	113.37	5.53	6.97	12.69	22.46				
大庆市	29.5	33.06	31.42	27.94	7.02	5.53	19.34			
牡丹江市	39.32	11.68	1.74	3.89	8.39	1.83	2.18	2.49		
延边朝鲜族自治州	12.21	9.92	0.95	1.72	11.99	1.85	1.69	1.47	8.61	
辽源市	5.12	20.14	0.86	1.18	13.43	15.97	3.84	1.64	1.03	1.33

* 数据来源：2017 年国家地理国情监测项目 "全国地级以上城市空间格局变化监测——黑龙江省监测区" 项目成果。

补协作和转移承接，但由于资源禀赋、经济发展阶段等的相似性，哈长城市群各城市的产业结构同质化竞争显著，产业结构相似系数整体趋于1，相互之间没有形成促进和互补关系，城市群内协同发展动力不足。

因此，要因地制宜、因城施策、因产兴业。在产业分工上，哈尔滨和长春以装备制造业、汽车产业和战略性新兴产业为切入点；大庆、吉林、松原从石油化工产业入手；四平、辽源、牡丹江做大做强汽车零部件配套产业；牡丹江、延边以新能源和绿色生态为主；通过产品的差异化、精细化和规模化进行优势互补，增强城市间的分工协作，围绕创新链布局产业链，使之成为城市联系的纽带。在产品需求上，联手打造哈长城市群内装备制造业、汽车产业、石油化工产业、农林产品精深加工产业，以及生物医药、机器人及智能控制设备、航天装备、海洋工程装备、光电信息、新能源、新材料、云计算等战略性新兴产业集群，积极发展现代服务业，发展壮大现代农业，做大做强城市自身特色优势产业，增强城市联系的原动力。

只有将城市群作为一个整体进行全盘考虑，兼顾"面"、考虑"点"、着眼"新"、体现"聚"，科学布局产业区块，深化产业分工，互通有无，互有所需，织牢城市间的联系网络，才能有效地提升城市群的综合经济实力和发展动力。

四 统筹空间布局，实现城市群持续发展

（一）优化空间结构，"三生"统筹

城市群作为人口与经济活动相对密集的区域，随着新型城镇化进程的加快和人口经济活动的不断集聚，如何科学合理布局和整治生产空间、生活空间、生态空间（即"三生"空间）越发重要。因此，要以城市群为载体，坚定不移地实施主体功能区战略，运用"多规合一"手段实现区域空间规划，有机整合城乡、人口、产业、基础设施、公共服务、生态保护和修复等各类空间性要素，通过跨区域发展整体性的空间规划，才能实现"三生"

空间均衡布局，才能有效地解决城市群空间布局和整治问题，促进国土空间开发方式由原来的"以生产空间为主导"向"融开发与保护于一体"转变，实现生产空间集约高效、生活空间宜居适度、生态空间山清水秀。

在此背景下，全面识别城市群国土空间的功能成为"三生"空间均衡布局的关键，定量刻画城市群下"三生"空间结构及其组成要素则是国土空间结构优化调整的基础。监测哈长城市群 2016 年和 2017 年的"三生"空间功能及其结构，2017 年哈长城市群生态空间面积为 156397.46 平方千米，占城市群总面积的 48.5%，生产空间面积为 157948.07 平方千米，占城市群总面积的 48.9%，生活空间面积为 8368.97 平方千米，占城市群总面积的 2.6%；相较于 2016 年"三生"空间面积和结构占比，生态空间面积减少 429.31 平方千米，生产空间和生活空间则分别增加了 206.71 平方千米和 222.48 平方千米。

对处于发展初期的哈长城市群而言，稳步增加核心城市和外围城市生活与生产空间的比重，适度降低城市群内重点发展地区的生态空间比重，提升国土空间的开发利用强度，是现阶段哈长城市群国土空间协调发展的基础，也是哈长城市群空间结构优化和调整的方向，对哈长城市群的快速成长具有积极的推动作用。但从可持续发展的角度考虑，还需进一步统筹城市群内以山水林田湖为有机整体的生态要素，以资源环境承载能力评价和国土空间开发适宜性评价为基础，充分考虑区域承载力与合理的资源开发，精细化确认城市群范围内适宜生态保护、农业发展和城镇建设的地域空间单元，真正意义上实现"三生"统筹，使城市群发展与城市成长符合可持续发展的客观规律。

（二）坚守底线安全，"三线"划定

在"三生"空间基础上，如何进一步统筹城市群空间布局，严守自然资源供给上限、粮食安全与生态环境安全的基本底线，党的十九大报告明确提出：完成生态保护红线、永久基本农田、城镇开发边界三条控制线划定工作。

以城市群为单元，划定生态保护红线是城市群空间管制规划的重要内容。通过统筹协调城市群功能定位和发展方向，将保护放在首位，在不以破坏生态环境为代价、不超过生态承载能力的前提下，综合考虑保护与发展的关系，从区域、城市群尺度划定生态保护红线，构建点线面结合、点状开发、面状保护的生态安全格局，进而维护城市群内生态系统的稳定性、连续性和完整性。

城市群中核心城市快速发展的同时，城市用地盲目扩张也会随之而来，城镇开发边界的划定迫在眉睫。城镇开发边界的划定应以"精明增长""紧凑城市"为理念，通过总量控制和空间管制手段，对生产和生活用地进行综合统筹，促进城市从外延式扩张向内涵式提升转变，倒逼城市形成完善的空间形态和结构优化的空间布局，建设集约型城市群。

与此同时，以"划近不划远""划优不划劣"为原则，优先将城镇周边、公路铁路等交通要道沿线易被占用的优质耕地划定为永久基本农田，圈住的不仅是优质耕地，还有科学、合理、绿色、协调发展的城镇空间规模，划定后的永久基本农田与河流、湖泊、森林、山脉等共同形成了城市的生态屏障，成为城镇开发的实体边界。永久基本农田一经划定，各城市建设就必须跳出去，搞串联式、组团式、卫星城式发展，符合新型城镇化发展城市群、中小城市和小城镇的方向。

由此可见，"三生"统筹，"三线"结合科学划定，是城市群实现空间协调发展的必然选择。

五　结语

城市群作为国家经济发展的重心和区域发展的战略支点，在其建设发展过程中，必须以生态文明的理念，着眼推动生态文明建设和提升可持续发展能力，把加快实施主体功能区战略作为大力推进生态文明建设的重大举措，共同构筑城市群科学、合理、可持续的空间协调发展格局。

因此，城市群的空间协调发展要打破城市群内各个城市之间的分割，实

现行政边界、地理边界与经济边界的耦合，在"软硬区划"共同作用下，以各城市交通基础设施的互联互通为基础，将城市群的空间格局培育成"极核—串珠模式"。同时，激发城市发展活力，增强城市联系动力，在流空间主导下，推动产业、人口的合理梯度集聚和转移，打造城市群协调发展的优势产业集群，增强城市群的内在发展动力。推进主体功能区战略实施，在空间规划统筹下，协调城市间跨界生态系统的保护和协调，引导各城市形成生产空间和生活空间的有序协调发展格局，进而构建布局合理、功能完善的城市群空间发展格局，打造新型区域增长核，实现城市群的可持续发展。

事实上，城市群的发展和建设思路，也相对个性化。尽管有统一的目标和战略性要求，但每个城市群还是要在深刻领会新时代发展精神的基础上，坚持"精准定位、因地制宜"，主动谋划、策划符合自身实际的发展特色和产业方向，集聚竞争优势，才能真正意义上实现以城市群为主体、大中小城市和小城镇协调发展。

参考文献

汪阳红、贾若祥：《我国城市群发展思路研究——基于三大关系视角》，《经济学动态》2014 年第 2 期。

赵祥：《城市经济互动与城市群产业结构分析——基于珠三角城市群的实证研究》，《南方经济》2016 年第 10 期。

邹军、姚秀利、侯冰婕：《"双新"背景下我国城市群空间协同发展研究——以长三角城市群为例》，《城市规划》2015 年第 4 期。

B.13
基于地理国情监测的城市
湿地时空演变研究

卢小平　熊长喜　刘　敏*

摘　要： 本文利用地理国情监测成果、高分辨率卫星影像等对郑州市湿地资源时空演变规律开展研究，建立了城市湿地分类指标体系，并根据土地利用分类标准将非湿地类型进行合并，制定了相应的监测要素类型；采用面向对象方法，充分利用影像中 NDVI 值和目标的纹理、形状和面积等特征信息，实现监测要素高层次分类和信息提取；引入 Logistic-CA-Markov 耦合模型，将人类活动、气候与降水等自然因素作为二元 Logistic 模型的驱动因子，对郑州市 1996～2015 年的湿地空间分布特征、景观变化、地类转移变化等进行分析，探寻各种驱动力对湿地空间格局变化的作用，实现对湿地资源时空变化趋势进行模拟及预测，模拟并预测了郑州市未来湿地类型时空变化趋势。

关键词： 地理国情监测　湿地时空演变　回归分析

---

* 卢小平，博士，教授，博士生导师，河南理工大学矿山空间信息技术重点实验室副主任；熊长喜，高级工程师，河南省基础地理信息中心主任；刘敏，高级工程师，河南省基础地理信息中心首席工程师。

一 引言

湿地与海洋、森林并称为全球三大生态系统，在地理空间上处于水生和陆生生态系统相互作用与影响的过渡地带，具备独特的景观分布格局和生态服务功能，是地理国情监测的重要对象。因此，将历史地理空间数据、林业领域的湿地专题数据与同时期的社会经济、人文数据相结合，从地理空间角度反映湿地资源的时空变化情况，揭示湿地要素变化的影响因子及发展趋势，可为城市湿地资源的保护、科学管理和合理利用提供准确的基础数据和决策依据。本文以郑州市作为研究区，利用该市 1996 年、2001 年、2008 年和 2010 年四期不同时期的湿地数据，并结合 2015 年地理国情监测成果，采用基于 NDVI 分割和面向对象的分类技术相结合的方法，提取研究区 20 年间的湿地信息，并运用景观生态学方法，揭示郑州市城市湿地的时空演变规律。

二 研究方法

郑州市地理位置处于东经 112°42′~114°14′、北纬 34°16′~34°58′，现有湿地面积约 56242 公顷，其中永久性河流湿地 39952.42 公顷，湖泊湿地466.47 公顷，沼泽湿地 73.92 公顷，人工湿地 15749.38 公顷，湿地资源相对稀缺。本文采用 1996 年航空影像，2001 年、2008 年、2010 年的 SPOT 影像，2015 年 GF‐1、ZY‐3 卫星影像，以及同时期的基础地理信息数据和自然人文资料，实现基于地理国情监测的湿地信息提取。

（一）城市湿地分类指标体系

在综合分析国内外城市湿地分类研究成果基础上，本文建立了郑州市湿地分类指标体系（见表 1）。其中，在湿地监测指标中增加了城市性景观和娱乐水面类型，并将运河、输水河类型合并在灌溉用沟渠地类。主要监测对象是郑州市湿地资源时空分布及变化情况，包括各湿地斑块的位置、数量、湿地总面积、湿地类型等要素（见表1）。

表1　湿地分类指标体系（参考中国水利湿地分类标准制定）

代码	湿地类型	代码	湿地型	代码	湿地类型	代码	湿地型
2	河流湿地	201	永久性河流	3	湖泊湿地	301	永久性淡水湖
		202	季节性或间歇性河流			302	永久性咸水湖
		203	洪泛平原湿地			303	季节性淡水湖
						304	季节性咸水湖
4	沼泽湿地	401	藓类沼泽	5	人工湿地	501	库塘
		402	草本沼泽			502	运河、输水河
		403	灌丛沼泽			503	水产养殖场
		404	森林沼泽			504	稻田/冬水田
		409	淡水泉/绿洲湿地			505	灌溉用沟渠
						511	城市性景观和娱乐水面

对郑州市20年间湿地时空变化分析研究发现，城市发展是影响湿地变化的重要因素，需要将湿地与非湿地类型相结合进行对比分析研究。本文根据土地利用分类标准，将非湿地类型进行了部分合并，如道路、耕地、建筑用地、林草等，为便于与湿地类型对比研究城市湿地的转换关系，确定了相应的监测要素类型，如耕地、林草、建筑用地、道路等类型。

（二）城市湿地要素信息提取

本文采用面向对象方法将光谱近似的像素合并为对象，使其包含更多的非光谱属性（如空间信息、空间关系信息等），然后提取非光谱信息，并结合光谱信息提高分类精度。

面向对象方法主要包括分割、分类、合并。多尺度分割算法是基于影像对象的光谱、几何特征对影像进行分割，使分割后的影像对象内部异质性最小，对分割后影像基于NDVI及影像特征进行分类自动提取，合并提取后的图斑。面向对象的分类方法是充分利用影像中的NDVI值和目标地物的纹理、形状和面积等特征信息，结合多尺度分割获得的影像图斑，实现高层次

地物的分类和影像数据信息的提取。

分类完成后，参考遥感影像及邻近年份的湿地提取结果，对分类结果进行删减编辑并赋属性值。

（三）城市湿地演化预测方法

1. 回归分析模型

Logistic 回归分析分为二元和多元回归分析，并被广泛应用于城市湿地演化预测研究。Logistic 回归结果通常采用 ROC（Relative Operating Characteristics）曲线进行验证，ROC 值介于（0.5，1.0）。当 0.5 < ROC < 0.7，预测效果准确性较低，若 0.7 < ROC < 0.9，有一定准确性，当 ROC > 0.9，有较高准确性，即 ROC 值越接近 1.0，预测效果就越好，一般认为 ROC > 0.7 时模拟效果较好，结果可以采用。

2. CA-Markov 模型

元胞自动机（CellularAutomate，CA）是一种时间、空间、状态都离散的分析模型，由元胞、元胞空间、邻域、转换规则和时间构成。马尔科夫（Markov）模型是预测事件发生概率的一种方法，在给定当前知识或信息情况下，过去的状态（即当期以前的历史状态）对于预测将来结果（即当前以后的未来状态）是无关的，通常用于具有无后效性特征地理事件的预测。

三 郑州市城市湿地时空演变分析

以地理国情监测成果、第二次湿地资源调查数据以及各时期的遥感影像为数据源，对郑州市 1996～2015 年的湿地时空变化进行监测，从空间分布特征、数量统计、景观变化、地类转移变化等方面进行分析，探寻各种驱动力对湿地资源演化的作用。

（一）湿地时空变化情况

利用高分辨率影像对 1996、2001、2008、2010、2015 年的湿地要素进行采集，获取位置分布信息，并对湿地图斑与非湿地图斑进行空间赋值，栅格化为20m×20m的格网；然后利用邻域分析功能计算出格网所在800m×800m区域内的湿地面积，制作不同年份的分布图。

①1996~2001年，荥阳市内黄河河道发生改变，引发河流湿地的空间位置和面积发生变化；2000年出现的强降雨天气，造成贾鲁河、双洎河等水量增多。②2001~2008年，荥阳市内黄河湿地面积发生变化，新增部分库塘湿地；2006年颍河河道改造使登封市内河流水面变宽。2010~2015年，湿地空间分布整体变化不大。③2010~2015年，巩义市境内黄河水量减少，郑州市内新增了大量城市景观湿地（如意湖、象湖生态湿地公园等）；2014年12月12日南水北调中线工程正式通水，形成郑州市域一条完整的人工湿地，显著增加了湿地的面积。

根据各监测年份湿地数据，计算湿地类型、天然湿地、人工湿地的面积及总面积，以及各类湿地的变化量、动态变化率，得到各类湿地的增减量及湿地的整体变化趋势（见表2）。

表2 监测年间各类型湿地面积汇总*

单位：平方千米，%

湿地类型	面积/变化	1996	2001	2008	2010	2015
201 永久性河流	面积	148.307	127.826	112.24	111.425	130.017
	占湿地比例	31.13	23.82	19.79	19.78	22.91
	增长量		−20.481	−15.586	−0.815	18.592
	增长率		−13.81	−12.19	−0.73	16.69
202 季节性或间歇性河流	面积	0.585	0.559	0.563	0.544	0.563
	占湿地比例	0.12	0.10	0.01	0.10	0.10
	增长量		−0.026	0.004	−0.019	0.019
	增长率		−4.44	0.72	−3.37	3.49
203 洪泛平原湿地	面积	200.892	241.18	275.028	277.367	244.324
	占湿地比例	42.16	44.95	48.50	49.23	43.05
	增长量		40.288	33.848	2.339	−33.043
	增长率		20.05	14.03	0.85	−11.91

续表

湿地类型	面积/变化	1996	2001	2008	2010	2015
301 永久性淡水湖	面积	0.335	0.337	0.438	0.439	0.623
	占湿地比例	0.07	0.06	0.08	0.08	0.11
	增长量		0.002	0.101	0.001	0.184
	增长率		0.60	29.97	0.23	41.91
501 库塘	面积	50.384	49.733	56.012	53.782	63.937
	占湿地比例	10.57	9.27	9.88	9.55	11.27
	增长量		−0.651	6.279	−2.23	10.155
	增长率		−1.29	12.63	−3.98	18.88
502 运河、输水河	面积	15.017	14.8	16.511	15.625	26.57
	占湿地比例	3.15	2.76	2.91	2.77	4.68
	增长量		−0.217	1.711	−0.886	10.945
	增长率		−1.45	11.56	−5.37	70.05
503 水产养殖场	面积	60.956	102.114	106.231	104.173	101.462
	占湿地比例	12.79	19.03	18.73	18.49	17.88
	增长量		41.158	4.117	−2.058	−2.711
	增长率		67.52	4.03	−1.94	−2.60
总　计	面积	476.476	536.549	567.023	563.355	567.496
	增长量		60.073	30.474	−3.668	4.141
	增长率		12.61	5.68	−0.65	0.74
占全市面积比例		6.30	7.09	7.49	7.44	7.50

*数据来源：河南省测绘地理信息局项目"郑州市地理国情监测项目"成果。

　　从表2可以看出，1996～2015年郑州市域各类型湿地呈现不同程度变化，具体表现如下。

　　（1）1996～2001年，湿地总面积呈增长趋势，增加60.073平方千米，该时期黄河上游水量减少，洪泛平原湿地增多40.288平方千米，而永久性河流湿地减少20.481平方千米，减少13.81%；河流湿地整体呈减少趋势；水产养殖场面积由60.956平方千米增加至102.114平方千米，增加近一倍，说明经济发展促进了水产养殖业的高速增长。

（2）2001～2008 年，湿地总面积呈现增长趋势，净增加 30.474 平方千米，增长率 5.68%，但永久性河流面积持续减少，使得洪泛平原湿地持续增加，季节性河流和运河面积变化较小。

（3）2008～2010 年，湿地总面积呈缓慢减少趋势，面积减少了 3.668 平方千米，减少 0.65%；该时期永久性河流面积持续微减，洪泛平原湿地持续微增；库塘和水产养殖面积减少；季节性河流和运河面积变化较小。

（4）2010～2015 年湿地总面积微增，永久性河流面积增加明显，洪泛平原湿地面积减少，这是由于郑州市沿黄滩区渔业集中连片开发形成产业集聚带，以及在滩地上开垦种田，造成洪泛平原湿地减少；南水北调干渠的蓄水以及东区人工河流的建设，使得运河面积增加明显。

（二）湿地演变驱动因素分析

1. 自然驱动因素影响

流域水体环境特别是气候与降水是促使湿地形成与演化的主要因素。此外，温度对湿地的形成影响具有多重作用，如影响植被的种类、生长以及地表的蒸发量和强度。降水作为流域内湿地最重要的补给来源，对河流、湖泊等自然湿地影响较为直接。图 1 为 2010～2015 年郑州市湿地面积与自然驱动因素的关系。

由图 1 可以看出：①黄河（永久性河流）水量主要依赖上游。温度的变化与永久性河流湿地面积呈现二次相关，且 $R^2 = 0.7965$，温度与洪泛平原湿地面积为线性相关，$R^2 = 0.721$，说明温度对天然湿地具有一定的影响作用。②永久性河流、洪泛平原湿地面积与空气湿度间具有很强的相关性，R^2 分别为 0.8752、0.8916，说明大面积的天然湿地对空气湿度具有调节作用。③库塘面积与降雨量、温度的相关性。选择二次多项式分析模型，R^2 分别为 0.837、0.9219，库塘面积与温度有较强的二次相关性，温度、降雨量变化对库塘湿地面积具有较大影响。④运河、输水河与降雨量间的二次相关系数为 0.8752，水产养殖场面积和温度间的二次相关系数为 0.7959。

通过以上分析可知，温度、降水量等自然因素对湿地时空分布具有一定

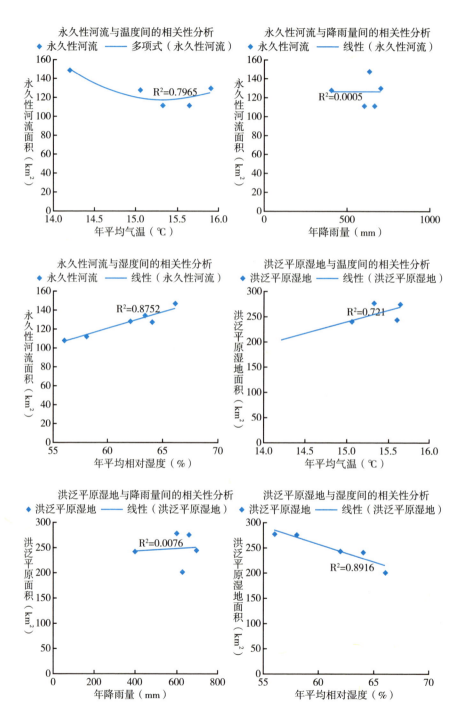

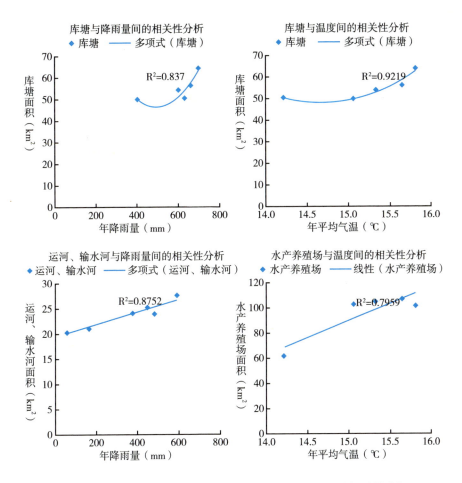

图1　2010～2015年郑州市湿地面积与自然驱动因素间的相关性分析

数据来源：河南省测绘地理信息局项目"郑州市地理国情监测项目"成果。

影响，但不是决定性因素，其是随着时间而逐渐累积。

2. 人为驱动因素影响

人类活动是影响湿地变化的主要驱动力之一，经济发展、城市扩张、人口增加等间接影响到了湿地的动态消长。通过收集经济、人口等资料，选取影响湿地变化的因素进行相关性分析，结果见图2。

从图2可以看出：①湿地总面积与水产品总产量呈现较强的线性相关性（$R^2 = 0.8508$），这是由于人工湿地变化对湿地总体变化的影响较大，其与

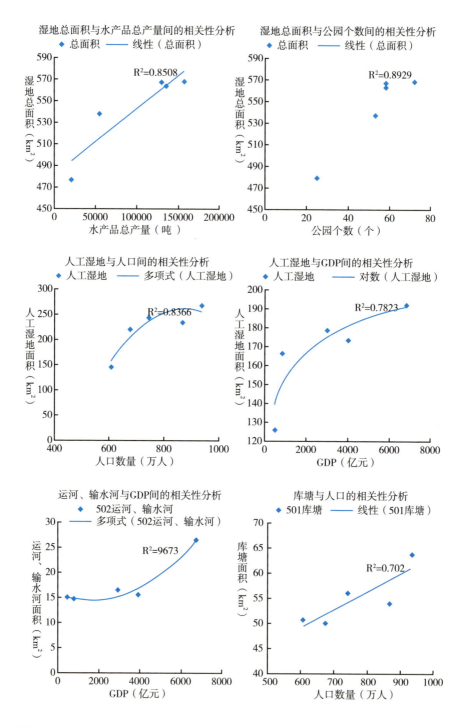

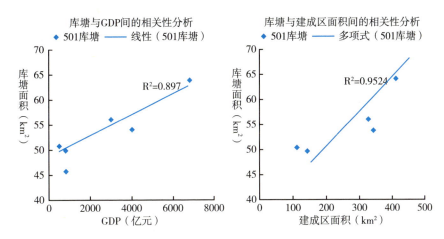

图2　2010～2015年郑州市湿地面积与影响因子的相关性分析结果

数据来源：河南省测绘地理信息局项目"郑州市地理国情监测项目"成果。

水产品总产量呈线性相关；湿地总面积与城市公园数量呈线性相关，这是由于公园通常规划有较大的水面。②人工湿地变化与水产品产量、人口数量及GDP，具有较强的相关性，其与水产品产量呈线性相关（$R^2 = 0.8194$），与人口数量二次多项式相关（$R^2 = 0.8366$），与GDP对数相关（$R^2 = 0.7823$）。③库塘与人口、GDP呈线性相关（R^2分别为0.702、0.897），与建成区面积二次多项式相关（$R^2 = 0.9524$），这是由于人居环境得到重视，新建了大量的景观湿地。④运河、输水河与GDP二次多项式相关（$R^2 = 0.9673$），表明农业浇灌、饮水等方面的水利设施更加完善。

综上分析可知，湿地景观变化是受自然因素和人为因素双重作用的结果。人为因素的影响虽然直接改变了湿地面积，但也改变了湿地景观内部的生态特征，间接促进了湿地的演化。

四　郑州城市湿地演变预测

本文运用Logistic-CA-Markov耦合模型对郑州市湿地资源时空演变进行动态模拟及预测。首先利用Markov模型计算出湿地类型状态转移概率矩阵，

然后基于二元 Logistic 回归模型对影响湿地时空变化的自然与社会驱动因子进行回归分析，并结合 MCE 约束条件对土地适宜性转换规则进行校正，将校正后的转换规则参与到 CA 模型的运行，实现对湿地资源时空变化的模拟及预测。

（1）利用 Logistic 回归模型，选取温度、降水量、高程、地表的凹凸特征等自然因素，人口数量、水产品产量、GDP 等社会经济因素作为驱动因子，计算出空间栅格最佳模拟尺度内可能出现的某种土地利用类型的概率，得到郑州市土地利用类型的空间分布概率图，并将各土地利用类型概率图组成土地利用变化适宜性图集。根据郑州市总体规划，结合各区域的自然资源条件和经济社会发展，加入政策约束条件，将其与土地利用适宜性图集进行合并，形成优化后的土地适宜性图集，作为 CA 转换规则。

（2）以郑州市 2015 年作为模拟预测的基础图像，将 2015 年的土地利用适宜性图集作为 CA 的转换规则，导入 2008～2015 年 Markov 转移概率矩阵，并设定 5×5 的滤波器、循环次数为 7，得到郑州市未来湿地类型时空分布趋势图。

在顾及城市发展约束条件下，郑州市湿地分布更加均衡，面积呈增多趋势。在湿地保护政策影响下，天然湿地有所增多，人工湿地数量持续增多，以满足人们对水产品及湿地环境的需求。

B.14

南水北调中线丹江口库区
资源承载力研究*

刘克 甘宇航 唐新明 罗征宇 陈悦**

摘　要： 南水北调中线工程水源区环境健康、绿色发展，不仅对保证
"一江清水送北京"至关重要，更是水源区社会经济可持续
发展的重要前提。本文收集整合了地理国情普查数据、基础
测绘数据以及其他专题数据，利用相对资源承载力模型，计
算分析了2009年和2015年南水北调中线工程丹江口库区相
对自然资源承载力、相对经济资源承载力和相对综合承载力
及其时空变化。研究表明：第一，与2009年相比，研究区
2015年资源承载力明显提高，但仍处于超载状态；第二，相
对自然资源承载力处于富余状态，但整体上呈下降趋势；第
三，研究区相对经济资源承载力处于超载状态，但呈明显上
升趋势。相对经济资源承载力的不断提高是水源区承载力上
升的主要原因。本文据此提出，应合理利用自然资源、发展
经济和控制人口数量，以推进南水北调中线工程水源区社会、
经济和生态的可持续发展。

---

* 国家重点研发计划（编号：2016YFB0501403）阶段性成果。

** 刘克，国家测绘地理信息局卫星测绘应用中心高级工程师，研究方向为生态遥感；甘宇航，
国家测绘地理信息局卫星测绘应用中心副研究员，研究方向为空间信息可视化；唐新明，国
家测绘地理信息局卫星测绘应用中心副主任，研究员，研究方向为航天测绘遥感；罗征宇，
国家测绘地理信息局卫星测绘应用中心，工程师，研究方向为遥感影像信息处理；陈悦，武
汉理工大学，研究方向为城市遥感。

关键词： 相对资源承载力　南水北调中线工程　丹江口库区　地理国情普查

一　引言

全国国土规划纲要中明确提出，坚持国土开发与承载力相匹配、集聚开发与均衡发展相协调、点上开发与面上保护相促进，从而实现高效、可持续的国土空间开发格局和各地区的协调发展。资源环境作为支撑自然—经济—社会系统的基本要素，对一个国家和地区的可持续发展起到至关重要的作用。

联合国教科文组织于 20 世纪 80 年代初提出了资源环境承载力的概念："一个国家或地区的资源承载力是指在可预见的时期内，利用该地区的能源及其他自然资源和智力、技术等条件，在保证符合其社会文化准则的物质生活水平下持续供养的人口数量。"[1] 因此，资源环境承载力是评价区域可持续发展的重要依据。但通常的计算方法仅从单一的自然资源方面考虑承载力情况，忽视了自然资源与经济资源之间的互补性。黄宁生与匡耀求在 2000 年首次提出了"相对资源承载力"的概念，即以比具体研究区更大的一个或数个参照区作为对比标准，根据参照区的人均资源拥有量、消费量和研究区的资源存量，计算出研究区域的各类相对资源承载力[2]。目前，学者们就新疆、山东、长沙、长江流域等区域的相对资源承载力展开了广泛研究[3]，

---

[1] 封志明、杨艳昭、闫慧敏等：《百年来的资源环境承载力研究：从理论到实践》，《资源科学》2017 年第 3 期，第 379 ~ 395 页。

[2] 黄宁生、匡耀求：《广东相对资源承载力与可持续发展问题》，《经济地理》2000 年第 2 期，第 52 ~ 56 页；何敏、刘友兆：《江苏省相对资源承载力与可持续发展问题研究》，《中国人口·资源与环境》2003 年第 3 期，第 81 ~ 85 页。

[3] 黄常锋、何伦志、刘凌：《基于相对资源承载力模型的研究》，《经济地理》2010 年第 10 期，第 1612 ~ 1618 页；景跃军：《东北地区相对资源承载力动态分析》，《吉林大学社会科学学报》2006 年第 4 期，第 104 ~ 110 页；朱红梅、周杨慧、周子英等：《长沙市相对资源承载力分析与评价》，《湖南农业科学》2009 年第 6 期，第 156 ~ 160 页；刘兆德、虞孝感：《长江流域相对资源承载力与可持续发展研究》，《长江流域资源与环境》2002 年第 1 期，第 10 ~ 15 页。

研究中多选择耕地面积、农作物播种面积、供水量等单一方面作为计算区域相对自然资源承载力的要素。由于各地区的环境、区位、开发程度等方面存在差异，这种评价方法可能导致结果与实际不符的情况出现。

南水北调中线工程向京、津、冀、豫、鄂五省市供应城市生活和工业用水、部分地区农业及其他用水，能有效地缓解北方缺水问题，支持经济和社会的可持续发展，因此是关系国计民生的重要工程[①]。丹江口水库作为调水源头的水源区，保证其良好的自然生态环境，是确保优质水进京、津、冀、豫等地区的基本前提。因此本文利用多方面考虑的生产性土地面积计算丹江口库区相对资源承载力，综合分析该区域资源承载状况，从而为水源区的可持续发展提出建议。

二　研究区概况

研究区域为南水北调中线工程丹江口水库及周边市县，位于东经109.4°~111.9°、北纬32.2°~33.8°之间，地跨河南和湖北两省，共7个行政单元（丹江口市、茅箭区、西峡县、淅川县、郧西县、郧阳区、张湾区），总面积为17292.22平方千米。库区地处亚热带，气候温和，雨量丰沛，多年平均降水量约为1000毫米，周边山高坡陡，山地及丘陵占97%，植物种类繁多，资源丰富。截止到2015年末，研究区常住人口为344.77万人，生产总值为1413.94亿元。丹江口水库作为南水北调中线工程的水源地，它与周围区域的生态环境状况直接影响着调水质量和工程效益，随着经济社会的发展，库区周围人地关系的矛盾日益凸显。正确分析和评价研究区的综合承载力，对于协调和解决丹江口库区周围人地关系的矛盾、促进南水北调中线工程附近区域经济和社会的可持续发展具有重要意义。

---

① 汪易森、杨元月：《中国南水北调工程》，《人民长江》2005年第7期，第2~5页。

三 数据来源与研究方法

（一）数据来源

1. 基础地理信息数据

2015 年，第一次全国地理国情普查工作基本全面完成，通过标准时点核准，形成了全要素、全覆盖、时点一致的地理国情普查成果，为研究提供了本底数据源保障。本文从 2009 年 1∶5 万 DLG 和第一次全国地理国情普查数据成果中提取耕地、林地、园地、草地、房屋建筑、道路、构筑物、水域 8 个一级类要素，并进行接边处理。由于两期数据的采集内容和标准不统一，以 2015 年第一次全国地理国情普查成果为基础，对 2009 年的基础地理信息数据进行两期数据的一致性处理。

2. 专题数据

本文利用的经济社会数据均来自 2010 年和 2016 年的《南阳市统计年鉴》《十堰市统计年鉴》《中国统计年鉴》以及国民经济和社会发展统计公报。

（二）研究方法

1. 指标选择

人是社会系统的主要组成因素，本文选择人作为承载力中的承载对象[①]，选择生态足迹中的生产性土地资源（耕地、森林、草地、建设用地、水域）面积代表自然资源。在这里，将国情普查的林地、园地合并为森林类，房屋建筑、道路、构筑物合并为建设用地类。选择国内生产总值代表的经济资源作为主要的承载资源。以宜居城市（苏州、金华、威海、惠州、

---

① 郝俊卿、王雁林、樊根耀：《从相对资源承载力角度探讨延安市可持续发展问题》，《干旱区资源与环境》2004 年第 2 期，第 18～22 页。

台中、南宁、信阳、芜湖、衢州、宜春）为参照区计算相对自然资源承载力、相对经济资源承载力和相对资源综合承载力。

2. 模型方法

（1）相对自然资源承载力：$C_{rl} = I_l \times Q_l$

式中 C_{rl} 是相对自然资源承载力，Q_l 为研究区生产性土地资源面积，$I_l = Q_{p0}/Q_{l0}$ 为自然资源承载力指数，其中 Q_{p0} 为参照区人口数量，Q_{l0} 为参照区生产性土地资源面积[1]。

（2）相对经济资源承载力：$C_{re} = I_e \times Q_e$

式中 C_{re} 为相对经济资源承载力，Q_e 为研究区域经济资源总值，$I_e = Q_{p0}/Q_{e0}$ 为经济资源承载力指数，其中，Q_{e0} 为参照区域经济资源总值[2]。

（3）相对综合资源承载力：$C_s = w_1 C_{rl} + w_2 C_{re}$

式中 C_s 是相对综合资源承载力，结合研究区具体情况，确定 $w_1 = w_2 = 0.5$。

3. 评判标准

比较计算得到的区域相对综合资源承载力和实际承载人口数量，获取该区域相对于参照区的承载状态，包括如下三种状态[3]：

超载状态：实际承载人口数量（P）大于相对综合资源承载力（Cs），即 P – Cs > 0；

① 黄宁生、匡耀求：《广东相对资源承载力与可持续发展问题》，《经济地理》2000年第2期，第52~56页；胡青江、秦放鸣：《河南省相对资源承载力与可持续发展研究》，《资源与产业》2013年第3期，第132~137页；王树通、郭怀成、王丽婧：《北京市相对资源承载力分析》，《安全与环境学报》2005年第5期，第90~94页；陈英姿、景跃军：《吉林省相对资源承载力与可持续发展研究》，《人口学刊》2006年第1期，第41~45页。

② 黄宁生、匡耀求：《广东相对资源承载力与可持续发展问题》，《经济地理》2000年第2期，第52~56页；胡青江、秦放鸣：《河南省相对资源承载力与可持续发展研究》，《资源与产业》2013年第3期，第132~137页；王树通、郭怀成、王丽婧：《北京市相对资源承载力分析》，《安全与环境学报》2005年第5期，第90~94页；陈英姿、景跃军：《吉林省相对资源承载力与可持续发展研究》，《人口学刊》2006年第1期，第41~45页。

③ 黄宁生、匡耀求：《广东相对资源承载力与可持续发展问题》，《经济地理》2000年第2期，第52~56页；胡青江、秦放鸣：《河南省相对资源承载力与可持续发展研究》，《资源与产业》2013年第3期，第132~137页；王树通、郭怀成、王丽婧：《北京市相对资源承载力分析》，《安全与环境学报》2005年第5期，第90~94页；陈英姿、景跃军：《吉林省相对资源承载力与可持续发展研究》，《人口学刊》2006年第1期，第41~45页。

富余状态：实际承载人口数量（P）小于相对综合资源承载力（Cs），即 P－Cs＜0；

临界状态：实际承载人口数量（P）等于相对综合资源承载力（Cs），即 P－Cs＝0。

四　结果分析

（一）承载力时空变化特征

根据上面的资源承载力计算方法，以宜居城市作为参照区，以 2009 年、2015 年作为参照年份，计算得到研究区两期的相对自然资源承载力、相对经济资源承载力、相对综合资源承载力（见表1）。

表1　2009 年、2015 年研究区资源承载力

年份	2009					2015				
区域名	C_{rl}	C_{re}	C_s	实际人口（万）	超载/富余人数	C_{rl}	C_{re}	C_s	实际人口（万）	超载/富余人数
丹江口市	88.32	10.24	49.28	49.67	0.39	76.25	21.22	48.74	46.26	－2.48
郧西县	103.99	3.59	53.79	51.45	－2.34	90.00	7.35	48.67	50.42	1.75
郧阳区	119.61	4.93	62.27	65.82	3.55	114.87	9.68	62.27	58.00	－4.27
张湾区	15.67	7.55	11.61	32.00	20.39	17.61	47.36	32.48	39.90	7.42
茅箭区	13.02	7.28	10.15	26.39	16.24	14.71	30.69	22.70	35.23	12.53
淅川县	115.42	14.99	65.20	66.47	1.27	105.16	22.74	63.95	68.00	4.05
西峡县	99.03	17.45	58.24	42.32	－15.92	90.71	25.83	58.27	46.96	－11.31
研究区	555.07	66.01	310.54	328.51	17.97	477.96	191.24	334.60	344.77	10.17

可以看出研究区的相对综合资源承载力具有以下特征：2009 年和 2015 年研究区整体的资源承载力均处于超载状态，2015 年较 2009 年承载力增加。2009 年，仅郧西和西峡县处于人口承载相对富余状态，其余区域则相反；2015 年，丹江口市、郧阳区、西峡县三个地区的人口承载处于相对富

余状态。从变化趋势来看，2015 年较 2009 年的相对资源综合承载力除丹江口市、郧西县、郧阳县，其余区域都较为稳定；从超载/富余人数来看，除郧西县、淅川县和西峡县，其余区域承载力相较实际人口都在增强。

2009 年与 2015 年的相对自然资源承载力除张湾区和茅箭区均处于相对富余状态。除张湾区和茅箭区，其他区域 2015 年的相对自然资源承载力均小于 2009 年，呈下降趋势。2009 年，7 个区域的相对经济资源承载力均处于超载状态。2015 年除张湾区外，其他 6 个区域的相对经济资源承载力均处于超载状态。整体上，2015 年的相对经济资源承载力均大于 2009 年，呈上升趋势。两期研究区的相对自然资源承载力远超相对经济资源承载力，其对综合承载力的贡献远大于经济资源。

（二）驱动力分析

总体上南水北调中线工程丹江口水库及周边市县的相对综合资源承载力和相对经济资源承载力逐渐提高，相对自然资源承载力呈下降趋势。这是由于丹江口库区一期和二期工程蓄水以及停耕还林，使得研究区耕地面积由 2009 年的 3454.73 平方千米减少为 2015 年的 2300.33 平方千米，共减少了 1154.4 平方千米。其余生产性土地，建设用地、水域、林地、草地分别增加了 180.79 平方千米、204.07 平方千米、113.43 平方千米、565.33 平方千米，耕地及建设用地对生产性土地影响最大，研究区耕地面积的大幅度减少，导致了相对自然资源承载力的降低。2015 年，研究区实现地区生产总值 1413.94 亿元，与 2009 年的 488.08 亿元相比增加了 190%。这与南水北调中线工程通水带来的产业结构优化、经济结构调整、潜在生产力激发和内需扩大密切相关。

从局部看，丹江口市作为南水北调中线核心水源区，对北方四省来说是调水源头，对于汉江下游来说是输水源头，其相对综合承载力由 2009 年的超载变为 2015 年的富余，这与当地移民政策的落实、以丹江口水库风景名胜区为首的旅游业带动的商业、餐饮业、交通运输业等第三产业的发展和水源区生态补偿工作的完善与实施密不可分。郧西县地处湖北省西北边陲，与

陕西省接壤，其承载状态由 2009 年的富余变为 2015 年的超载，这与退耕还林还草政策实施导致耕地面积大量减少，从而使相对自然资源承载力降低有关。

通过计算发现，发展郧阳区 2015 年的相对综合资源承载力与 2009 年相同，但由于其 2015 年的人口比 2009 年减少了 7.82 万，使得其承载状态由超载变为富余。截止到 2015 年，张湾区与茅箭区以十堰市 5% 的土地面积承载了十堰市 22% 的人口，并且地区生产总值占十堰市的 51.5%。张湾区是中国第二汽车制造厂发祥地，东风商用车公司总部所在地，十堰市最大的经济体。茅箭区紧随其后，是十堰市的政治、经济、商贸、文化体育教育中心和全国最大的汽车配件加工销售基地。张湾区与茅箭区作为以汽车产业为首的新型城区，其相对综合资源承载力到 2015 年仍处于超载状态，这与其过高的人口和资源消耗有关。与 2009 年相比，其自然和经济承载力有明显的提升，这是由于当地坚持把生态区建设作为全区工作的中心，按照全域生态区、全域水源区、全域风景区的思路，初步实现了绿色发展和工业经济转型。

淅川县和西峡县作为河南省南阳市下辖县，是构成南阳生态文明试点市的重要组成部分，西峡县的生态农业如猕猴桃、香菇产业和生态工业，淅川县的茶叶、生态产业聚集区建设等，对跨行政区的水源地生态经济区建设具有重要支撑作用。2015 年西峡县相对综合资源承载力为富余状态，这得益于其开展生态农业、生态工业和不断加强产业结构转型及优化。虽然淅川县有较好的自然资源条件，但淅川县的相对综合资源承载力为超载状态，这与其县域经济总量小、产业结构不合理、城乡发展不均衡和经济开放度不高所引起的相对经济资源承载力较低有关，同时淅川县人口 2015 年已达 68 万，远超研究区其他区域人口数。

五 结论

本文基于地理国情普查数据、基础测绘数据以及其他专题数据，利用相对资源承载力模型，计算分析了 2009 年和 2015 年的南水北调中线工程丹江口库区相对综合资源承载力，其演化特征如下：①2015 年研究区整体的相对综合资源承载力处于超载状态，但相比 2009 年已有明显提高。②研究区相对自然资源承载力处于富余状态，但整体上呈下降趋势。相对自然资源承载力对相对综合资源承载力的贡献远大于相对经济资源承载力。③研究区相对经济资源承载力处于超载状态，但呈明显上升趋势。相对经济资源承载力的不断提高是承载力上升的主要原因。

据此提出以下库区发展建议。

确保资源合理开发利用，为南水北调中线工程丹江口库区及周边市县社会和经济的可持续发展提供资源保障。同时国家生态补偿范围应不断扩大，规模力度应逐渐加强。重视水源区生态工程的建设，并给予更多的资金支持，制定更加完善长远的水源区治理规划及管理措施。

合理控制人口，不断提高人口素质。西峡县人口处于富余状态，对人口承载能力还有很大提升空间。抓住发展机遇期，加快西峡县社会经济发展，解决人才匮乏的问题，应大力引进和培养各种人才。而茅箭区人口处于超载状态，应继续严格实行计划生育政策，加大教育领域投入，提高人口整体素质。

要不断提高经济资源对综合承载力的贡献，不断加快产业结构调整的步伐。调整优化农业和工业产业结构，大力发展商贸物流以及服务业等第三产业，制定南水北调中线工程丹江口库区绿色旅游业发展规划，促进旅游业的蓬勃发展。

科 技 篇

Sciences and Technologies

B.15
地理国情统计分析关键技术与应用

程鹏飞　刘纪平　董春　王亮　赵荣　康风光　栗斌　张玉

亢晓琛　孙立坚*

摘　要： 地理国情统计分析是实现地理国情数据向地理国情信息转化
的必经之路，是创新与深化地理国情普查与监测成果应用的
重要支撑。本文论述了地理国情统计分析的技术定位与内容

* 程鹏飞，中国测绘科学研究院院长，研究员，研究方向为大地坐标系、卫星导航与定位；刘
纪平，中国测绘科学研究院副院长，研究员，研究方向为政务地理空间大数据、政务地理信
息服务、应急地理信息服务；董春，中国测绘科学研究院，研究员，研究方向为空间统计与
数据挖掘、地理国情大数据分析；王亮，中国测绘科学研究院，研究员，研究方向为空间数
据集成分析与挖掘、地理信息系统设计与开发；赵荣，中国测绘科学研究院，研究员，研究
方向为地理空间数据集成与分析、地理国情统计分析；康风光，中国测绘科学研究院，副研
究员，研究方向为地理信息系统、空间统计分析；栗斌，中国测绘科学研究院，副研究员，
研究方向为地理本体、地理国情统计分析；张玉，中国测绘科学研究院，助理研究员，研究
方向为空间统计分析；亢晓琛，中国测绘科学研究院，助理研究员，研究方向为高性能地理
计算、地理国情统计分析；孙立坚，中国测绘科学研究院，副研究员，研究方向为空间格局
计算与数据挖掘、地理国情统计分析。

框架，阐述了基本统计、综合统计、变化分析和专题评价的
技术流程及关键技术，明确了地理国情统计分析系列成果的
构成与分类，并从地理国情发布、自然资源利用、生态保护、
城市建设、公平公正司法等角度介绍了地理国情统计分析技
术服务于政府治理、科学研究、民众生活的应用范例。

关键词： 地理国情普查　地理国情统计分析　内容框架　成果应用与服务

在国务院统一部署和安排下，从 2013 年至 2015 年，国家测绘地理信息
局历时三年，组织 5 万名专业技术人员，完成了第一次全国地理国情普查，
构建了我国陆地国土范围内无缝隙全覆盖、高精细、系统真实的全国地理国
情普查数据库，数据现势性达到 2015 年 6 月 30 日时点要求，国家级普查数
据库数据总量超过 770TB。

党中央、国务院高度重视第一次地理国情普查成果的推广应用工作。李克
强总理指出，要充分利用测绘的先进技术、资源和人才优势，积极开展地理国
情变化监测与统计分析，对重要地理要素进行动态监测，及时发布监测成果和
分析报告，为科学发展提供依据。张高丽原副总理强调，普查成果十分丰富，
认真做好普查成果数据发布和解读，拓展测绘地理信息公共服务的广度和深度，
让社会公众和市场主体充分了解和开发应用普查数据。紧密结合政府决策和管
理需要，从宏观和微观、定量和定性、整体和局部等角度，充分挖掘地理国情
普查成果蕴含的价值，创造性地做好普查成果分析和应用工作。

一　地理国情统计分析总体框架

为切实贯彻落实党中央、国务院要求，原国家测绘地理信息局组织不同
领域的专业技术人员，在第一次全国地理国情普查成果基础上开展地理国情
统计分析工作。地理国情统计分析是地理国情普查工作的重要组成部分，是

地理国情要素向地理国情信息转化和提升，反映经济、社会、资源、环境的空间分布规律的必要手段和阶段，对于推广地理国情普查与监测成果应用、推动地理国情普查与监测具有至关重要的作用。

地理国情统计分析主要包括基本统计、综合统计、变化分析和专题评价四个部分。其中，基本统计着眼于摸清家底，对自然、人文等地理国情要素进行空间统计分析，旨在获取反映地理要素现状及其空间分布的基本地理国情信息；综合统计是建立在基本统计基础上的"深加工"，融合经济社会等专题数据，通过建立地理国情统计分析指标和模型体系，分析经济、社会、资源、环境要素的空间分布特征和规律，从地理空间的角度揭示资源分布与利用、生态环境状况、区域经济发展、国土空间格局和社会事业发展水平；变化分析是集成经济社会等专题数据，从时空变化角度反映地理国情要素空间分布、空间结构、空间关系的变化数量、变化特征、变化趋势，分析其变化原因和影响因素，并提出引导或遏制变化的手段和方法；专题评价则是瞄准各级政府和有关部门的不同需求，形成专题分析报告，形成揭示经济社会发展与自然资源环境的内在联系和规律，为政府和有关部门科学决策提供参考和依据。地理国情统计分析内容框架见图1。

二 主要方法和技术流程

基于地理国情普查与监测数据，整合相关部门专题数据，构建包括规则网格、行政区划、自然地理区域、社会经济区域的统计分析单元和统计分析模型与方法，开展基本统计、综合统计、变化分析和专题评价，形成地理国情统计分析系列成果，面向社会公众、专业部门以及政府部门提供地理国情普查信息服务。地理国情统计分析技术流程见图2。

（一）面向多主题多层次的地理国情统计分析指标体系构建

针对海量高精度地理国情监测数据和经济、社会等专题数据等这样一个复杂、多领域综合系统状况，开展了地理国情指标指数构建关键技术研究。

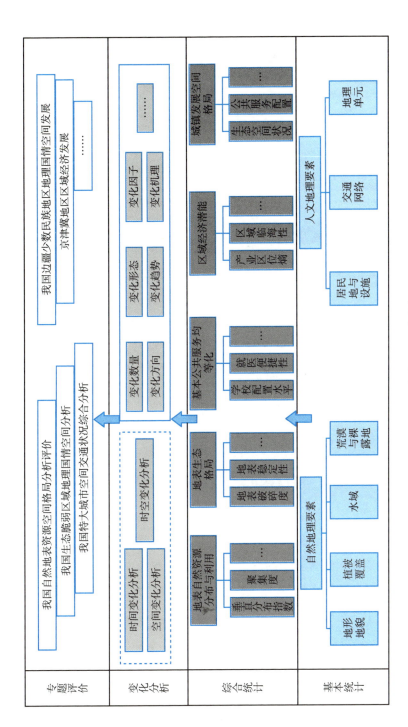

图 1　地理国情统计分析内容框架

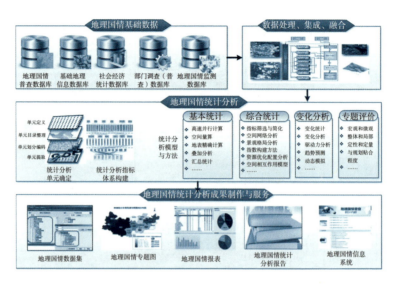

图2　地理国情统计分析技术流程

构建了面向七类要素的基本统计内容指标体系、面向五个主题的综合统计内容指标体系、面向国家和区域战略与重大工程的专题分析评价体系，以揭示地理国情的空间分布规律和发展演化趋势，客观反映我国的国土空间布局、生态协调程度、区域经济发展状况和社会事业发展水平，揭示经济社会发展与自然资源环境的内在联系和演变规律。

（二）顾及多因子融合表达的专题数据匹配和融合技术

针对高精度、大数据的地理国情监测数据，以及这些数据与各种专题统计数据融合困难的状况，开展了地理国情监测统计分析理论与模型方法研究。譬如，以地理国情普查中的房屋建筑（区）作为人口空间分布的空间位置指标，以居住建筑区类型、层数、高度、密度、面积等属性特征作为人口权重影响因子，实现统计单元人口数据向房屋建筑（区）和地理格网单元的空间转换。

（三）基于多约束和多策略的高精度表面面积统计方法

综合考虑典型地貌类型特征，分析不同地形特征对表面面积建模的结构性影响，开展了表面面积值与 DEM 分辨率、地形坡度因子、栅格值内插方法、三角网剖分策略等因素的相关性分析，建立基于多约束和多策略的高精度表面面积模型，形成了具有不同地形特征适应性的参数化地表建模方法。

（四）非均匀矢量空间数据的高性能计算模型

提出了一种流式并行化方法：通过将空间计算过程与数据 I/O 过程相重叠，使传统并行空间计算方法中的性能提升瓶颈得到显著缓解；并且，方法所采用的数据分片策略，能够使数据单次 I/O 所产生的高内存使用率得到降低，进一步提高了具体地学算法的适用性。采用了协同大规模计算集群的高性能内存计算模式，充分发挥了充足内存空间的计算优势。

（五）地理国情统计分析软件体系平台

构建了由基本统计、综合统计、变化分析、对比分析、应用服务等软件组成的地理国情统计分析软件体系平台，该软件体系平台可形成反映地理国情现状的基本统计成果、综合反映地区差异的综合地理国情指标指数以及成果的在线查询、检索、展示、对比分析和定制化服务，形成了一体化地理国情统计分析支撑工具，具备了自有软件支持下从国家到地方的地理国情统计分析业务软件支撑能力。目前，该软件平台支持完成了基本统计计算，包括国家级、31 个省级普查成果计算和国家级基础性监测成果计算，并支持完成了综合统计计算，包括国家级和云南、湖北、江苏、青海等地区综合统计任务。

三　统计分析成果主要形式

为更好地展现地理国情统计分析的成果，必须构建相应的成果体系。围绕国家重大战略和工程的实施，充分考虑国家宏观决策、专业部门和社会大众关注的重点和热点，科学设计统计内容指标，注意体现地理国情普查数据全面、客观、精确、空间化的特点，采用科学、高效的统计方法，直接服务

于国家、区域经济社会发展。地理国情统计分析成果体系既与现行的基础测绘成果有明显区别，也与其他专题部门的普查成果存在显著的不同，它是一套创新的成果体系。地理国情统计分析成果体系是内容和形式的高度统一。从形式上看，地理国情统计分析成果体系分为一套报表、一套图件、系列指数、一组报告和信息服务系统等类型。

（1）一套报表。主要包括基本统计台账、国家级基本统计成果、综合统计台账和数据集。其中，国家级基本统计成果是基于基本统计台账和地理国情普查数据形成的包括行政区划、地形地貌和地表覆盖三大部分，涵盖地理国情普查自然、人文七个大类要素的内容指标。综合统计台账和数据集是综合统计分析的基础成果和应用基础。

（2）一套图件。主要包括挂图、图册、桌面用图和蓝皮书图册四种类型。其中，桌面用图和蓝皮书图册，以多类型图件展现综合统计的重要成果，主要为国家各部门领导提供辅助决策依据，为各行业科研人员科学研究提供参考资料。

（3）系列指数。主要包括围绕资源分布与利用、生态格局、基本公共服务均等化、区域经济潜能、城镇发展空间格局等五个主题的系列地理国情指数（见图3），以数字表示综合地理国情的地区差异，以不同级别或不同类别统计分析单元向社会定期发布。

（4）一组报告。主要包括公报、专报、统计数据汇编、蓝皮书和专题分析评价报告五种类型报告。其中，统计数据汇编，类似于台账，详细记录了第一次全国地理国情普查基本信息，可为政府决策等提供参考信息。地理国情蓝皮书展现综合统计分析五个专题的综合统计分析成果。专题分析评价报告围绕资源、生态、社会、民生等类别，以领导关注、公众关心的重大问题为专题目标，以文字为主，并以统计表、统计地图配合展现内容，分析并揭示经济社会发展与自然资源环境的内在联系和规律，为国家重大战略、重要工程提供决策依据。

（5）信息服务系统。主要包括基本统计信息系统和综合统计分析信息服务系统，其中基本统计信息服务系统是以普查成果数据库、基本统计成果

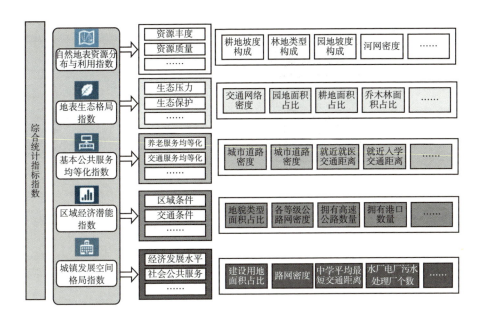

图3 系列地理国情指数

数据库为基础构建，实现基本统计成果的查询、检索和展示；同时可根据应用需求，实现基于任意统计单元的基本统计定制服务。综合统计分析信息服务系统以普查成果数据库、基本统计成果数据库、专题数据库、综合统计分析数据库为基础构建，实现综合统计分析成果的查询、检索和展示；同时可根据应用需求，实现基于不同级别行政区域及不同类型自然地理、社会经济区域单元的综合统计分析定制服务。

四　地理国情统计分析实践与服务

基于第一次全国地理国情普查数据库，在地理国情统计分析软件平台的支撑下，完成了基本统计计算和数据校核、对比分析、综合统计，以及系列报告编制和图件制作等工作，圆满完成了全国地理国情普查国家级基本统计、综合统计和专题评价工作，形成了国家级普查公报、统计数据汇编、普查公报、普查蓝皮书、系列图件等成果（见图4），深化了第一次全国地理

图4 地理国情统计分析系列成果

国情普查成果的应用。此外，围绕国家和地方社会经济发展的重点，围绕服务国家重大战略和重大工程、国土空间开发、生态文明制度体系建设、社会治理和民生保障等方面需求，采用地理国情统计分析技术成果，开展了兰州新区开发与监测、新疆库鲁斯台草原生态保护、审计署资源审计、最高人民检察院公益诉讼等应用，引导鼓励对地理国情统计分析成果的广泛应用，拓展地理国情统计分析成果服务的广度和深度。

（一）公报、皮书、专报成果

1. 第一次全国地理国情普查公报（以下简称普查公报）及统计数据汇编

普查公报和统计数据汇编是第一次全国地理国情普查基本统计的主要成果，是我国测绘地理信息部门首次公开发布地理国情普查成果的政府权威文件，主要发布了我国陆地国土各类地形地貌的类别、面积、构成和空间分布，以及9类种植土地，10类林草覆盖、水域覆盖、荒漠与裸露地，铁路与道路，房屋建筑区的面积、类别、构成和空间分布等基本地理国情信息。2017年4月24日，国务院新闻办公室举行发布会，正式对外发布普查公报。2017年6月至11月，在地理国情基本统计软件的支撑下，31个省级测绘地理信息管理部门完成所在省份第一次地理国情普查公报编制、校核与修改，并陆续发布。统计数据汇编，是向国务院领导和国务院各部门内部提供的台账，全面、详实地收录地理国情普查成果数据的指标统计结果、系统体现我国各级行政区划地理国情要素的数量、构成和分布。

2. 中国地理国情蓝皮书（2017版）（以下简称蓝皮书）

蓝皮书是地理国情普查综合统计分析的系列成果之一，是由中国测绘科学研究院推出的有关我国地理国情分析的首部研究性报告。2018 年 2 月 28 日，中国测绘科学研究院向社会公开发布了《中国地理国情蓝皮书（2017版）》。《人民日报》、新华社、《光明日报》、《经济日报》等 14 家媒体记者参会，中央电视台进行了现场采访报道。全书以文字为主、辅以统计图表和专题地图等形式，对地理国情普查分析研究成果进行比较与评价，在此基础上归纳总结存在的不足和改进建议。蓝皮书研究成果得到了相关领域专家和专业部门的高度重视，并引起国务院、国家发展改革委、国土部、环保部等部门和社会大众的广泛关注，充分体现了测绘地理信息对普查与监测地理国情、服务科学发展的价值和作用，具有广阔的应用前景。

3. 地理国情系列专报

该专报由中国测绘科学研究院设计和编制。目前已经完成了围绕长江经济带建设、退耕还林还草、四大草原生态保护等主题的 7 个专报编制和上报，为政府管理和决策提供了地理信息服务。其中有关退耕还草还林还湿主题的专报已为全国政协提案与建议提供了数据支撑。围绕长江经济带地表生态格局、北京城区人口与资源环境承载、祁连山国家级自然保护区和江西赣江自然资源与生态等主题的专报已经在长江经济带规划、京津冀协同发展、精准扶贫等方面发挥了重大作用。

（二）资源环境审计

为加强自然资源与生态环境的保护和管控，国家拟定对长江经济带沿岸的自然资源与地表生态格局进行调查。基于常态化地理国情监测数据，建立了地理国情分类体系与生态地表分类体系之间的对应关系，立足于现有的地理国情统计分析平台，快速形成了反映 2015～2017 年长江经济带核心区域的生态地表对比变化图和生态信息转移矩阵等系列成果，扩展生态统计分析功能，实现从多期数据现状和变化成果的快速计算与输出，辅助开展了地表生态变化的司法设计工作，极大提升了科学审计工作的准确性与时效性。

（三）环境公益诉讼

基于 2005 年、2010 年、2015 年、2016 年等多期高分辨率影像，结合地理国情地表覆盖数据，实现对土地利用变化进行持续监测分析，及时发现了多处土地违规利用事件，并对事件的空间位置及违规面积进行了准确标定。譬如，以某市三处典型疑似事件为例，某局部区域高覆盖草地有 3 万平方米转变为其他建筑工地，阔叶灌木林有 18 万平方米转变为建筑工地。某村局部区域地表变化较为明显，尤其以 2015～2016 年为主，主要表现为耕地、林地、草地转变为房屋建筑工地。

（四）新区建设与变化监测

兰州新区综合统计项目被列为全国 7 个综合统计试点项目之一，是对第一次全国地理国情普查试点任务区域兰州新区普查成果深度应用的示范性项目，围绕兰州新区的定位认识、新区设立前后的地理国情要素比对、新区建设与规划对比分析等方面进行综合统计分析，形成了系列试点成果，为新区建设的监督监管、规划决策提供了地理空间信息支撑。

2015 年 6 月 4 日，兰州新区地理国情综合统计试点项目通过原国家测绘地理信息局组织的验收，并举行了兰州新区地理国情普查与监测成果移交暨推广发布会，将首批成果移交兰州新区管委会，《中国国土资源报》、甘肃电视台、《甘肃日报》、《甘肃地质矿产报》等多家媒体予以报道。其成果将直接为国务院国家级新区协调发展决策提供参考，并为开展国家级新区建设进程和效果综合统计分析工作全面深入开展起到示范和推动作用。

（五）草原生态保护监测

草原生态环境状况对全国生态环境的建设具有重要作用，是国家生态安全的主要屏障和我国牧业发展的基础，也是我国生态文明建设的重点和难点。新疆库鲁斯台草原位于我国西部的塔城地区，是我国第二大平原草场、新疆第一大优质草场，被选作全国地理国情普查综合统计分析试点，对于发挥地理国情普查成果服务于生态文明建设具有重要意义。通过掌握库鲁斯台草原不同时期植被覆盖的空间分布状况、变化过程和态势，构建库鲁斯台草原植被空间覆盖指数，以反映草原植被覆盖退化状况，在此基础上，结合生态补偿标准，估算补偿金额，探索了库鲁斯台草原生态补偿和政府转移支付机制，旨在为草原生态保护与监测提供有力保障。该试点成果已交付塔城地区国土局，为新疆开展地理国情监测、制定发展战略规划等提供重要依据，为同类地理国情综合统计分析提供了应用示范。

五 结语

地理国情统计分析研究成果能够为政府治理、科学研究、人民生活、资源规划与开发、生态监测与保护、基础设施均等化、区域经济均衡发展等提供综合分析和专题分析支持，为国家与地方的自然资源、生态环境、农业农村、教育、卫生健康、社会保障、发展改革、应急、审计、司法等部门提供多种形式的应用。为提高进一步服务大局、服务社会、服务民生的能力和水平，需要丰富常态化地理国情监测公共服务产品种类，保障地理国情信息价值得到充分发挥。同时，应该积极探索常态化监测统计分析与成果应用服务模式，筹建研究机构—生产单位—应用部门三方共建的成果应用示范基地，为地理国情普查与监测成果的长期、深入应用奠定基础。

B.16
地理国情与城市用地现状数据的
对接转换研究

——以武汉市为例

詹庆明　刘　稳　黄启雷　樊智宇　刘权毅*

摘　要： 本文通过对地理国情普查监测的内容与指标、城市用地现状数据
分类体系进行分析，建立两种数据在理论层面的对接原则与对应
关系，同时选取武汉市为试验区进行实践层面的对接转换，从而
探索地理国情普查监测数据在城市用地现状调查中的应用。

关键词： 地理国情普查监测　城市用地现状调查　城镇综合功能单元
对接转换　武汉市

一　引言

地理国情是空间化、可视化的基本国情，包含了地表"山水林田湖草"等
自然资源家底和铁路与道路、房屋建筑（区）、城镇综合功能单元等城乡建设情
况。2013～2015年，国务院统一部署组织完成了第一次全国地理国情普查，摸清
了我国陆地地表自然和人文地理要素"家底"，并向社会发布了普查公报。

地理国情普查是综合利用现代测绘技术和各时期已有测绘成果档案，对
地形、水系、交通、地表覆盖等要素进行全面普查，并统计分析其变化量、

---

* 詹庆明，武汉大学城市设计学院，博士、教授、博导；刘稳，武汉大学城市设计学院博士研
究生；黄启雷、樊智宇、刘权毅，武汉大学城市设计学院硕士研究生，研究方向均为数字城
乡规划与管理。

变化频率、分布特征和空间差异，形成反映各类资源、环境、生态、经济、社会要素的空间分布及其发展变化规律的普查数据、国情图和研究报告①。而地理国情监测则是在完成普查、摸清家底的基础上，对自然、人文和社会经济要素进行动态、定量监测，分析评估地理国情信息的时空特征和变化趋势，形成涵盖资源分布与利用、生态环境评估、区域规划、城镇化发展、经济布局、社会公共服务等诸多方面的地理国情监测产品，从而向政府部门、社会、公众等提供科学、权威、准确的地理国情信息服务，为国家战略规划、政府管理决策、生态环境保护、突发事件应对、社会公众服务等提供科学支撑和有力保障②。2017 年 3 月 27～28 日，原国家测绘地理信息局部署了 2017 年全国地理国情监测主要任务，明确提出要"全面开展基础性地理国情监测，按需开展专题性地理国情监测，大力推进地理国情信息广泛应用"；4 月 24 日，首次对外发布第一次全国地理国情普查公报，客观反映了我国资源环境和国情国力的本底状况③。2018 年 1 月 16 日，武汉市人民政府召开武汉市第一次地理国情普查公报发布会，武汉成为第一个发布地理国情普查公报的副省级城市，在 2016～2017 年，武汉市已持续开展常态化地理国情监测工作并完成年度监测任务④。

　　地理国情普查与监测遵循"所见即所得"原则，变化更新基于满足最小变更要求进行影像判读和外业核查，其成果分类细致、客观，覆盖面广且较为精确，更多反映的是国土资源要素的自然状态和现状特征，可作为城市用地现状调查的重要基础数据，辅助开展城市用地现状调查更新工作。因此，本文以地理国情普查监测数据为基础，研究确定其与城市用地现状调查数据在理论层面的对应关系，选取武汉市为对象进行试验层面的对接转换，探索地理国情普查监测数据在城市用地现状调查中的应用。

① 陈俊勇：《地理国情监测的学习札记》，《测绘学报》2012 年第 5 期，第 633～635 页。
② 李德仁、丁霖、邵振峰：《关于地理国情监测若干问题的思考》，《武汉大学学报》（信息科学版）2016 年第 2 期，第 143～147 页。
③ 肖建华、甄云鹏、罗名海：《城市地理国情普查监测的实践与思考》，《城市勘测》2017 年第 3 期，第 5～12 页。
④ 罗名海：《从地理国情普查到监测转变的谋划》，《地理空间信息》2015 年第 6 期，第 1～4 页。

测绘地理信息蓝皮书

二　地理国情内容与指标

地理国情分类对象包括地表覆盖、地理国情要素和地理单元等。地理国情要素包括道路、水系、构筑物和地理单元等 4 类要素。地理单元包括行政区划管理单元、社会经济区域单元、自然地理单元和城镇综合功能单元等。

地表覆盖分为种植土地、林草覆盖、房屋建筑（区）、铁路与道路、构筑物、人工堆掘地、荒漠与裸露地和水域八大类，按地类成因分为自然地表和人工地表。自然地表包括种植土地、林草覆盖、荒漠与裸露地和水域等，人工地表包括房屋建筑（区）、铁路与道路、构筑物和人工堆掘地等。地表覆盖分类采集遵循"所见即所得"原则，侧重于土地的自然属性（自然地表覆盖情况），为全市域、全覆盖要素。

城镇综合功能单元是指城镇居民地内部根据功能和权属划分的空间单元，分为工矿企业、单位院落、休闲娱乐景区、体育活动场所、名胜古迹、宗教场所等，按地理实体采集，为非全覆盖要素。居住小区采集指标为面积大于5000 平方米；工矿企业采集水厂、电厂、污水处理厂及从事工业、矿业等生产性活动的企业；单位院落采集学校、医院、社会福利机构、政府及机关团体、事业单位等；休闲娱乐、景区采集指标为面积大于50000 平方米（城市地区面积大于 5000 平方米）的区域；体育活动场所、名胜古迹、宗教场所采集指标为面积大于 10000 平方米（城市地区面积大于 1000 平方米）的区域。武汉市市情深化时，将单位院落细分为行政办公、文化设施、教育科研、医疗卫生、社会福利、商业设施、商务设施、娱乐康体、公用设施营业网点等 11 类。

武汉市地理国情普查标准时点为 6 月 30 日，在普查阶段，中心城区、开发区、重点发展区域范围根据 0.2 米分辨率航片采集，辅以现势性较好的1：2000 地形图；其他区域利用 0.5 米影像，优先使用分辨率高、现势性好的航空正射影像，航空正射影像未覆盖地区利用 2013 年 8 月 0.5 米分辨率卫星影像图采集，辅以现势性较好的 1：2000 地形图和土地利用现状图。从 2016年起开展常态化监测，标准时点为当年的 6 月 30 日。本文采用的 2017 年武汉市地理国情监测成果，是在 2016 年地理国情监测成果基础上，结合国家测绘地理信息局统一下发的当年度 3～6 月分辨率优于 2 米的国产高分遥感影像进行更新后的成果。数据分类采用《地理国情普查内容与指标》（GDPJ 01 – 2013）的武汉市现行分类标准，在国家和湖北省普查指标基础上，增加了 2 个一级类、8 个二级类、33 个三级类、11 个四级类，共分为 12 个一级类、67 个二级类、167 个三级类和 11 个四级类。数据成果统一采用国家 2000 大地坐标系，1985 年国家高程基准，按图层统一存储于 ArcGIS GeoDataBase 10.1 数据集中，采用 ArcGIS File GeoDataBase 方式组织（后缀名为".gdb"）。

三　城市用地现状数据分类标准

城市用地现状调查是按土地使用的主要性质划分用地分类，用于城市、县人民政府所在地镇和其他具备条件的镇编制总体规划和控制性详细规划，进行用地统计以及用地管理。城市用地现状调查包括城乡用地分类调查和城市建设用地分类调查两部分，其中，城乡用地分类调查主要包括建设用地和非建设用地两大部分，城市建设用地分类调查主要包括居住用地、公共管理与公共服务用地、商业服务业设施用地、工业用地、物流仓储用地、道路与交通设施用地、公用设施用地和绿地与广场用地等。

现行城市用地调查采用的是《城市用地分类与规划建设用地标准》（GB50137 – 2011），其中城乡用地分为 2 大类、9 中类和 14 小类，城市建设用地分为 8 大类、35 中类、42 小类。武汉市在此基础上增加了待建用地（F）这一大类，并对 A33、A51、S3 和 G1 类用地根据需求进行了细化分类，形成了武汉市标准。武汉市用地现状调查标准时点为 6 月 30 日，结合当年规划用地许可和建筑工程许可证以及上一年度土地变更调查数据进行年度更新，采用上一年度分辨率 0.5 米的卫星遥感影像进行待建用地的图斑变更，无最小上图面积。数据成果采用 1954 年北京坐标系、1985 年国家高程基准，全部为 shp 格式面文件，采用 ArcGIS File GeoDataBase 方式组织（后缀名为".gdb"）。

四　地理国情与城市用地现状数据的对接转换

（一）对接原则

为更好地反映地理国情与城乡规划用地分类体系之间各大类、中类、小类的对应情况，将对应关系归纳为一对一、一对多、多对一及多对多4类①。多对多在实际转换中意义不大，因此重点关注一对一、一对多以及多对一3类。对应关系遵循"定义相近""最小细分"和"级别包含"3个原则。

（1）"定义相近"原则，即根据分类定义和采集要求进行类别的归属，无论一对一、一对多还是多对一的关系，满足地类定义上完全对应的转换对接才有意义和价值。

（2）"最小细分"原则，即将所有类别的对应关系都划分到最小类别从而建立对应关系。例如，当某一地理国情分类对应某一规划用地分类时，该地理国情分类的所有子类不完全对应该规划用地类别，则采用地理国情分类的子类进行对应，不再考虑该子类的父类。

（3）"级别包含"原则，即当某一地理国情分类和某一规划用地分类对应时，这一地理国情分类的所有子类也都分别对应该规划用地的地类，并不单独列出。

由于在城市外围以非建设用地为主，以城市用地现状数据和地理国情中的地表覆盖数据对接为主；在城市地区以建设用地为主，故以城市用地现状数据和地理国情中的城镇综合功能单元对接为主，在城镇综合功能单元未采集的区域，辅助以房屋建筑（区）、构筑物、铁路与道路、人工堆掘地等人工地表进行补充和转换。在城市地区城市用地现状数据和城镇综合功能单元数据分类较为一致。

---

① 张凤瑞：《地理国情与城市总体规划评估用地分类体系衔接探讨》，《测绘通报》2016年第5期，第116~119页。

（二）对应关系

从表 1 可以看出，城乡用地分类中一级类共 2 类，非建设用地可以对应；二级类有 9 类，有 4 类可以对应，包括采矿用地、水域、农林用地以及其他非建设用地。

表 1　城乡用地分类与地理国情分类标准对应概览

城乡用地分类/武汉市城市建设用地分类				对应关系	武汉市地理国情普查标准	
用地代码			用地名称		用地代码	用地名称
大类	中类	小类				
H			建设用地	部分对应	—	
	H1		城乡居民点建设用地		—	
		H11	城市建设用地		—	
		H12	镇建设用地		0360	绿化林地
		H13	乡建设用地		03A0	人工草地
		H14	村庄建设用地		0500	房屋建筑区
					0600	道路
					0710	硬化地表
					0770	工业设施
					0830	建筑工地
	H2		区域交通设施用地	无对应	—	—
		H21	铁路用地	对应	0610	有轨路面
		H22	公路用地	对应	0601	无轨路面
		H23	港口用地	对应	114J	交通设施
		H24	机场用地	对应	114J	交通设施
		H25	管道运输用地	无对应	—	—
	H3		区域公用设施用地	无对应	—	—
	H4		特殊用地	无对应	—	—
		H41	军事用地	无对应	—	—
		H42	安保用地	无对应	—	—
	H5		采矿用地	对应	0814	露天采石场
				对应	0821	尾矿堆放物
	H9		其他建设用地	无对应	—	—

续表

城乡用地分类/武汉市城市建设用地分类				对应关系	武汉市地理国情普查标准	
用地代码			用地名称		用地代码	用地名称
大类	中类	小类				
E			非建设用地	对应	级别包含	级别包含
	E1		水域	对应	级别包含	级别包含
		E11	自然水域	对应	1011	河流
					1020	湖泊
					1050	冰川及永久积雪
		E12	水库	对应	1031	水库
		E13	坑塘沟渠	对应	1032	坑塘
					1012	水渠
	E2		农林用地	对应	0110~0120	耕地
					0130~0190	园地
					0310~0380	林地
					0390	天然草地
					03A1	牧草地
					0640	农村道路
					0716	场院
	E9		其他非建设用地	对应	03A3	固沙灌草
					03A4	护坡灌草
					03A9	其他人工草地
					0910	盐碱地表
					0920	泥土地表
					0930	沙质地表
					0940	砾石地表
					0950	岩石地表

从表2可以看出，城市建设用地中一级类共9类，有4类可以对应，包括居住用地、工业用地、物流仓储用地、待建用地；二级类有40类，有20类可以对应。

表2　城市建设用地分类与地理国情（城镇综合功能单元）分类标准对应概览

城市建设用地分类				对应关系	地理国情分类标准	
类别代码			类别名称		用地代码	用地名称
大类	中类	小类				
R			居住用地	对应	1141	居住小区
	R1		一类居住用地	无对应	—	
	R2		二类居住用地	无对应	—	
	R3		三类居住用地	无对应	—	
A			公共管理与公共服务用地	无对应	—	
	A1		行政办公用地	对应	114A	行政办公用地
	A2		文化设施用地	对应	114B	文化设施
	A3		教育科研用地	对应	114C	教育科研
	A4		体育用地	部分对应	1145	体育活动场所
	A5		医疗卫生用地	对应	114D	医疗卫生
	A6		社会福利设施用地	对应	114E	社会福利用地
	A7		文物古迹用地	对应	1146	名胜古迹
	A8		外事用地	无对应	—	
	A9		宗教用地	对应	1147	宗教场所
B			商业服务业设施用地	无对应	—	
	B1		商业设施用地	对应	114F	商业设施
	B2		商务用地	对应	114G	商务设施
	B3		娱乐康体用地	对应	114H	娱乐康体
					1145	体育活动场所
	B4		公用设施营业网点用地	对应	114I	公用设施营业网点
	B9		其他服务设施用地	无对应	—	
M			工业用地	部分对应	1142	工矿企业
	M1		一类工业用地	无对应	—	
	M2		二类工业用地	无对应	—	
	M3		三类工业用地	无对应	—	
W			物流仓储用地	部分对应	1142	工矿企业
	W1		一类物流仓储用地	无对应	—	
	W2		二类物流仓储用地	无对应	—	
	W3		三类物流仓储用地	无对应	—	

续表

城市建设用地分类				对应关系	地理国情分类标准	
类别代码			类别名称		用地代码	用地名称
大类	中类	小类				
S			交通设施用地	无对应	—	—
	S1		城市道路用地	部分对应	0601	无轨路面
	S2		城市轨道交通用地	部分对应	0610	有轨路面
	S3		交通枢纽用地	部分对应	114J	交通设施
	S4		交通场站用地	部分对应	114J	交通设施
				对应	0713	停车场
	S9		其他交通设施用地	无对应	—	—
U			公用设施用地	无对应	—	—
	U1		供应设施用地	部分对应	1142	工矿企业
	U2		环境设施用地	部分对应	1142	工矿企业
	U3		安全设施用地	无对应	—	—
	U9		其他公用设施用地	无对应	—	—
G			绿地与广场用地	无对应	—	—
	G1		公园绿地	对应	1144	休闲娱乐、景区
	G2		防护绿地	无对应	—	—
	G3		广场用地	对应	0711	广场
	G4		生产绿地	无对应	—	—
	G5		其他绿地	无对应	—	—
F			待建用地	对应	0830	建筑工地
					0890	其他人工堆掘地
	F1		存量待建用地	无对应	—	—
	F2		增量待建用地	无对应	—	—
	F3		未批待建用地	无对应	—	—

（三）转换实验

根据地理国情与城市用地现状数据分类体系的对应关系，可以确定不同用地之间的对接可能性，但这种对应关系并不意味着就可以实现地理国情普查监测数据向城市用地现状数据的直接转换使用，还需进一步采取相应策略进行对接转换。

本文以武汉市为实验对象，仅选取两种分类体系中可以直接进行转换的地类，进行数据的对接转换，地理国情至规划的整体转换效果不是很好。其中，居住用地（R）、文化设施用地（A2）、医疗卫生用地（A5）、宗教用地（A9）、自然水域（E11）转换效果很好，重合率分别为81.96%、86.59%、91.87%、97.33%和99.25%；转换效果较好的有七类，分别为教育科研用地（A3）、商业设施用地（B1）、城市道路用地（S1）、公路用地（H22）、公园绿地（G1）、坑塘沟渠（E13）、农林用地（E2）等，重合率在50%~80%；其余地类的转换效果较差，重合率均在50%以下。从城市用地现状数据的最细类别与地理国情数据进行转换对接，故未按照地类级别进行转换效果的评价。

五 结论及建议

（一）研究结论

本文以地理国情普查监测数据为基础，分析确定了其与城市用地现状数据在理论层面的对应关系，并选取武汉市为试验区进行实践层面的对接转换，研究的主要结论如下。

（1）尽管数据分类标准的对应关系相对较好，但两种数据的实际对接转换效果不太理想，要实现地理国情与城市用地现状数据的转换使用，还需根据两种数据中不同地类的对应关系选取具体的对接转换策略，如对于无直接对应关系的地类，可提炼相应转换规则或采取人工提取的方式进行对接转换。

（2）城市用地现状数据中城乡用地分类的区域交通设施用地、水域、农林用地与地理国情中地表覆盖的铁路与道路、水域、耕园林草等有一定的对应关系，其他类别用地的对应关系较差，而城市用地现状数据中的城市建设用地与地理国情中城镇综合功能单元的居住小区和单位院落有较好的对应关系。由于城市建设用地分类细致而非建设用地分类较粗，地理国情在城市用地现状调查应用中，可将重点放在城市建设用地的对接转换。

（3）造成对接转换效果不理想的主要原因在于地理国情与城市用地现状数据在采集原则与更新方式、分类标准与地类定义、分类体系、最小采集图斑要求、数据影像现势性等方面存在差异，要提高地理国情数据与城市用地现状数据的对接转换效果，还需从两种数据的差异出发，统一基础数据、用地分类以及目标指标，从而实现地理国情与城市用地现状数据的融合应用。

（二）建议

地理国情普查监测遵循"所见即所得""自然优先"原则，采用全覆盖、内外业的方式进行更新采集，客观、真实、准确地反映了城市"山水林田湖草"等自然地理要素和铁路与道路、房屋建筑（区）、人工堆掘地、构筑物等人文地理要素的空间分布与变化情况，具有涵盖内容广泛，数据采集精准，外业核实精准和质量检查精准等优势。要实现地理国情数据与城市用地现状数据的对接转换，实现其在城市用地现状调查中的融合应用。

（1）可增加地理国情数据的内容维度，主要是针对在转换过程中产生较大误差的数据，如耕地中的温室、大棚和田坎数据等，附属于道路、机场的绿化林地、草地、硬化地表等，有保护价值的文物古迹，增加相应的自然属性、功能属性、状态属性、权属特征等字段。

（2）增加地理国情数据的时间维度，根据数据的周期性特征，划分为年采集更新、季采集更新和月采集更新等，从而避免数据影像现势性不同造成的转换误差。

（3）在数据采集和转换过程中，广泛征求国土用户部门的建议，统一分类标准，避免采集标准与状态不一致导致的问题，如水田与旱地会因遥感影像采集的季节不同而不同，应以其主要功能为分类依据；避免对调查对象状态认定标准不一致导致的问题，如常水位与高水位的不同造成划分边界的不同；统一分类体系，避免地类定义不一致导致的问题，如林地间认定标准出现覆盖度30%和40%的不一致导致的类别分类差异，应在源头上对认定的标准进行统一；对地理国情数据的一些指标进行细分，避免因类别名称过于笼统，未标注具体所属的行业、功能、产权、运行状态等实质性内容，可能导致出现错误分类的问题，如地理国情数据中"工矿企业"这样的类别名称；对类别中嵌套其他类别的情况，建议标注并提供进一步合并的指向。

B.17
从横向上的"一张图"
到纵向上的"金字塔"

——地理国情数据的多尺度表达

艾廷华*

摘　要： 地理国情普查成果在制定和实施国家战略发展与规划、优化国土空间开发格局、优化各类资源配置工作中发挥着重要作用。为从全局观念、系统性整体化应用好该普查成果，成果管理部门在横向上建立了"一张图工程"，通过空间数据库技术将地理国情调查成果全覆盖、无重叠、无缝隙地表达展示出来。然而，为了面向不同级别行政部门管理、不同层次行业部门应用、不同详略信息数据提取，成果表达还应进一步在纵向上构建多级"金字塔式"数据组织，灵活有效地为不同应用需求输出合适级别的成果数据，金字塔结构不同层次数据对应不同水准的应用需求，同时跨层次的数据联系反映了同一区域的地理国情状况在不同视图下的表达。本文系统讨论地理国情普查成果构建金字塔式数据表达的技术方法，涉及众源大数据处理、地图综合与尺度变换、多级瓦片地图架构、跨层次级联更新等技术的应用。

关键词： 地理国情　一张图工程　多尺度表达　地图综合

---

* 艾廷华，武汉大学资源与环境科学学院，博士，教授，博士生导师，研究方向为空间大数据分析、地图综合与尺度变换。

一 引言

地理国情普查成果描述了自然地表和人文地理要素的空间分布、特征及其相互关系，是推动生态环境保护、建设资源节约型社会的重要支撑，是做好防灾减灾工作和应急保障服务的重要保证，也是相关行业开展调查统计工作的重要数据基础。

为从全局观念、系统性完整地应用好该普查成果，成果汇总管理部门在横向上建立了"一张图工程"，通过空间数据库技术将地理国情普查成果全覆盖、无重叠、无缝隙地表达展示，极大地方便了普查成果的应用。在统一的空间参考系下，将自然资源环境相关的地形地貌、植被覆盖、水域、荒漠与裸露地等地理要素，以及与人类活动相关的交通网络、居民地与设施、地理单元等地理要素的类别、位置、范围、面积等信息统一集成。在一张图支持下，可以根据应用需求灵活获取特定区域的地理国情信息。

地理国情普查成果信息内容丰富、应用领域广泛，从数据内容层次划分大致可以分三种：（1）普查信息、统计信息、分析挖掘信息。其中普查信息是地理国情调查的基础数据资料，而统计信息是在普查信息的基础上对其进行统计描述，反映原始普查数据的概况与统计分布特征。分析挖掘信息是地理国情应用的最高层次，反映不同自然、经济和人文现象间的深层次关联、结构和内涵，预测其发展演化趋势和方向。以上三种信息内容均有不同层次的数据粒度划分，应用领域也有不同层次区别。为面向不同级别行政部门管理、不同层次行业部门应用、不同详略信息数据提取，地理国情普查成果仅仅建立横向上的一张图还不够，还应进一步在纵向上构建多级"金字塔式"数据组织，灵活有效地为不同应用需求输出合适级别的成果数据。金字塔结构不同层次数据对应不同水准的应用需求，同时跨层次的数据联系反映了同一区域的地理国情状况在不同视图下的表达。

二 地理国情普查结果多尺度表达的必要性

地理国情在数据、产品、服务等诸多方面都有着不同层次的应用需求，为应对该需求，采用金字塔式数据组织提供自适应产品服务是一条有效途径。该技术策略的必要性表现在以下几个方面。

（一）满足地理国情大数据处理的需要

地理国情数据具备大数据的 5V（Volum，大体量；Variety，多样性；Velocity，时效性；Veracity，准确性；Value，价值）特征，全国普查数据现有数据量达 770TB，随着时间的推移，数据会不断增加。因为容量大、规模大，地理国情大数据在存储、使用、传输上都面临着综合压缩处理的问题。地图综合在地理国情数据的数据压缩、特征规律提取等方面发挥了重要作用。从普查数据描述的地理现象、地理过程与地理事件中去粗取精、抽象概括，获得反映时空特征、格局与规律性的新粒度表达的地理国情数据具有重要意义。对地理国情大数据实施尺度变换与地图综合的结果需要多层次数据组织来承载，即金字塔结构的数据组织模式。将地理国情数据在不同尺度上综合化简的结果通过金字塔结构集成起来，使得某层次的数据与特定尺度对应，同时跨层次的数据联系反映了同一区域的地理国情状况在不同视图下的表达。由于原始的地理国情普查数据按行政级别组织生产，各级别区域对应的目标比例尺不同，因此针对地理国情数据的地图综合应当根据不同表达比例尺实施不同程度的尺度变换，而非传统的固定大小系列比例尺变换。通过数据综合操作，由单一比例尺数据派生多比例尺数据，将极大地扩展地理国情大数据的应用领域。

（二）满足地理国情多样化产品输出的需要

地理国情数据是政府及各行业部门进行科学决策的基础信息，不同行业、不同层次用户对地理国情产品提出了不同尺度特征、不同形式的多方面需求。目前，基于地理国情普查数据的多样化服务产品生产工作正在进行。各类用户的系列地图、地图集、各类报告陆续开展编制，包括面向政府和行业部门宏观展示全国及重点区域地理国情空间分布现状，编制的地理国情普查系列挂图；面向社会公众的地理国情普查公告；以地理国情数据库为基础，编制的第一次全国地理国情普查地图集；以及为提供权威统计指标数据，辅助科学研究参考，编制的地理国情普查蓝皮书等。此外，还有地理国情服务系统，向公众、专业部门、各级政府提供多层次、多角度、实时在线的地理国情信息服务平台。所有这些多层次、多样化的地理国情产品需求，都有赖于多尺度的金字塔结构数据库支撑，不仅为多层次的产品设计提供合适的权威数据源，同时选择合理有效的尺度表达方式。

（三）满足地理国情多层次信息服务应用的需要

地理国情数据服务作为特定的信息服务形式，在服务对象、服务地域、服务领域等方面都体现出很强的层次特征，有赖于金字塔结构的数据服务作支持。

从地理国情产品服务对象看，政府行业、各类型企业及社会公众因自身性质、面临问题不同，导致其需求差异大。政府部门需结合国情数据对相关治理区域进行研究分析，开展政策方针研究、制定宏观规划；各类型企业则需要从国情数据中检索提炼与其相关的信息，用以指导规划企业发展；而社会公众接触地理国情信息则是从日常出行、地名地址查询、路线规划等需求出发，同时通过地理国情知识的认知增强公民意识，弘扬爱国情怀。从地理国情产品服务地域看，全国多级行政级别如省、市、乡镇等都需要建立各自的国情专题数据库，各级数据库对地理数据的化简程度、语义信息归并层次都有差别。需要针对不同地域级别，结合其所涉及的区域范围，决定所提供的地理国情服务的类型及数据粒度。从地理国情产品的服务领域看，覆盖了广泛多样的行业领域，包含国土、林业、住房和城乡建设、水利、农业、发展改革、海洋与渔业、民政等。不同领域行业对地理国情数据有不同业务需求，不同领域行业内存在不同标准、规范。单一尺度地理国情数据是无法满

足这些行业领域的个性化需求的，必须通过多尺度多层次数据以金字塔结构形式作为支撑。

三　金字塔式多尺度表达技术方法

地理国情普查成果的金字塔结构表达实质是一个多尺度表达问题。"尺度"概念是空间数据表达的一个重要特征。在技术上，多尺度空间数据表达与传统的地图综合相关，在数据库中存储同一区域不同比例尺版本的地图数据，构成金字塔级联式存储。针对地理国情数据的大区域、多语义、多领域特征，具体构建金字塔式多尺度表达机制需要以下技术作为支撑。

（一）多级瓦片地图架构技术

瓦片地图是一种形象通俗的说法，将空间数据划分瓦片块状，便于服务器存储管理。基于统一的空间参考系（如WGS84）将划分的瓦片组织成全覆盖、无重叠、无缝隙的空间覆盖模式，地图瓦片的形状呈矩状，有利于拼接，瓦片地图的分幅线对应特定的经纬网线。瓦片地图的架构技术中最关键的是墨卡托地图投影的选择，该投影方式是16世纪荷兰航海家发明的，因其等方位性质在航海上广泛使用，但面积变形很大。该投影是正轴切圆柱投影，经纬网投影后呈正交矩形，正是这一特点使得投影后的网格能够实现一分为四、四分十六、十六分六十四等的剖分体系，在21世纪的今天重新启用该投影方式构建了金字塔式瓦片地图（其他诸如高斯—克吕格投影后纬线呈弧线状、经线向两极收敛，外观呈梯形，难于无缝剖分叠置）。为简化目前网上的地图又把地球椭球体变成了标准球体，命名为Web Mercator投影。

瓦片地图的架构是一种地图数据组织的框架，而表达的内容则是不同详细程度的数据通过层级瓦片集成（见图1）。根据数据结构，瓦片地图区分栅格型瓦片和矢量型瓦片。前者通过栅格图像形式在不同像素分辨率下存储管理，预先渲染好调用显示时直接获取输出。后者通过矢量型目标存储管理，终端向服务器申请调用时实时符号化渲染,根据调用的瓦片级别制定对应详细程度的符号渲染规则。矢量型瓦片地图数据显示灵活,用户定制特性更强,可以控制显示内容,但技术实现上矢量瓦片地图要难。对于地理国情普查成果的多级瓦片地图表达,运用栅格型形式,简单易实现,但应用模式已经固定,根据权属、行政区划等地理国情特定的空间格局划分难于有效响应。应用矢量形式,可以克服上述问题,但要处理地理国情要素的目标完整与瓦片划分后的破碎性的矛盾,实时符号渲染也有待高效的多尺度数据处理技术的突破。

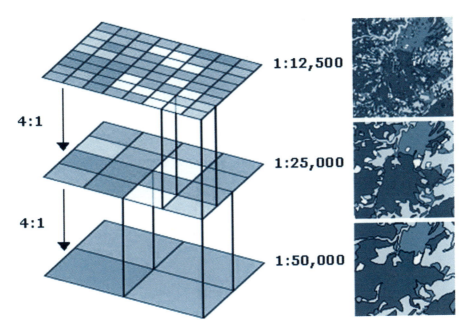

图1　多级瓦片地图的对应关系及地图的不同层次表达

(二)地图综合与尺度变换技术

瓦片地图架构建立了地理国情数据金字塔表达的存储框架,每一层次的瓦片数据内容则需要地图综合与尺度变换技术获得不同详细程度的表达。地理国情普查获得的原始调查数据是精确地反映地理国情的空间位置、形态、权属、性质、规模等的空间数据,空间定位精度高、属性刻画细节性强、图

斑划分的单元也很精细。为了获得高级别的概括表达，为全局性战略规划、国土治理和国情分析服务，该精确调查的国情数据需要通过尺度变换去粗取精，得到概括的主体特征信息内容。

地理国情数据属于专题性空间数据，不仅有空间比例尺描述其空间定位详细程度，还有语义尺度描述权属、性质级别的层次。因此，在详细的地理国情数据基础上通过地图综合为金字塔不同层次输出对应级别的数据，涉及两种尺度变换，即空间尺度与语义尺度。语义尺度变换是地理国情数据地图综合的典型特色，语义尺度主要针对属性描述中的层次构成、分类特征，表达语义层次的级别与水准。语义粒度可以定义为语义层次树结构的节点层次，低于层次阈值的语义特征便不表达。例如，土地利用数据的属性层次（一级用地、二级用地、三级用地），行政区划的省、地市、县、乡、村等，构成了不同的语义等级。

多边形图斑数据的几何特征简化表达需要重大地图综合算子来完成，包括：小图斑的删除、邻近图斑的合并、几何维数的转换、图斑边界的化简、重要图斑的夸大与移位、相邻图斑间空间关系协调等。控制这些几何化简操作的是一批地图综合规则，表现为选取指标、几何特征描述阈值等。地理国情数据图斑综合处理中，选取指标限值因不同土地类型、不同区域环境又有很大差别。

地理国情数据综合化简需要将不同综合条件集成到一起优化判断，单项的制图综合条件相互间可能是矛盾的，如对于土地利用数据的综合，根据地块多边形面积大小选取图斑，细碎图斑要删除；而根据土地用地类型平衡的条件，所有耕地综合后其面积大小不能出现突变。如果某用地类型中耕地均为细碎小图斑零星分布，满足图斑删除几何条件，则耕地面积显著减少，此时为满足耕地面积保持条件，则部分小于面积阈值的图斑仍然要保留。

（三）众源大数据处理技术

地理国情数据的调查方法有多种，除常规的遥感技术、外业实测、辅助性资料综合处理外，在大数据技术背景下，将众源大数据处理技术纳入，可以为地理国情数据金字塔结构建立提供有力支持，可以为金字塔结构增添辅助性时空信息、使得城市功能区划层次更丰富，极大提升地理国情数据的附加值。

在网络服务环境下产生的一种新的空间信息资源——众源地理信息，是在 Web2.0 技术下各种地理传感器应用、各种用户志愿者（VGI）数据出现后产生的，被称为"众源"数据。从测绘学科角度，众源地理数据分两大类：基础地理数据（网络上传的矢量地图、GPS 轨迹、POI 点位置）和专题数据（带有位置信息的微博、文本、地名地址、地理参照的照片、视频等多媒体信息）两大类。Open Street Map（OSM）是基础地理数据类型的典型代表。众源大数据获取及解译处理可以为地理国情调查提供有益的补充，与常规调查形成优势互补。例如，遥感数据获得土地覆盖与利用的粗的分类，而基于手机信令、社交媒体、行车记录仪轨迹等众源数据可以分析出城市人群活动方位、热点区域，进一步解译出商业用地、居住用地、文化娱乐、教育用地等，细化地理国情对建设用地的划分，为城市管理提供国情数据支撑，图 2 是基于居民出行的时空曲线分析获得关于城市不同功能区划分的示例。在地理国情数据金字塔结构建立中，基于众源大数据获得的详细信息可以作为精细的层次的数据内容，来补充完善常规数据的细节特征。

众源地理信息可以为地理国情数据的快速更新提供有效的技术方法，打破了过去空间数据设施建设、更新与维护需要专业技术人员承担的局面，基于"人人都是数据采集者"原则，通过网络用户上传 VGI 数据，可以高效完成不同比例尺空间数据的快速更新。不过，由于开放、非专业化特征使得众源地理信息缺乏精确性、结构化、完备性特点，该类信息资源难于直接开发应用，需要专门的数据加工处理对其增强，提升其附加值，其中针对众源数据的尺度变换便是该数据加工处理的一种。对不同来源、非结构化的海量数据进行跨尺度融合匹配、抽象概括、分辨率调整、重分类等尺度变换处理，是保证众源地理信息高效利用的重要策略。

215

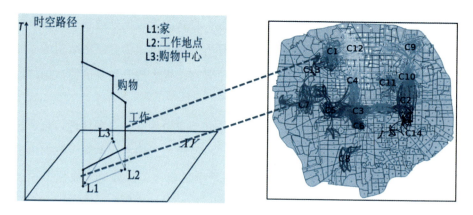

图2　基于城市居民出行的时空规律识别城市不同功能区示例

（四）跨层次多级联动更新技术

构建完成地理国情数据的金字塔结构后，该结构面临维护更新问题，不同于一般空间数据基础设施的更新，它需要考虑跨层次多级数据的联动更新，在金字塔结构不同级别间保持数据的高度一致。金字塔结构的跨层次多级联动更新涉及变化发现、更新数据会计传承、一致性关系维护、时间版本的管理等。

多级联动更新中的新增数据，需要通过地理目标匹配获得不同版本数据间的变化信息，地理目标匹配与增量更新信息提取是过程的主要内容。新增数据与待更新数据间的映射关系，通过1:1、n:1、n:m等不同映射对应，确立新增数据将导致哪些相关数据的变化，该过程不仅要比较两种来源数据间的地理目标差异，还要比较上下文环境下两种空间关系的差异。在综合考虑地理目标的几何特征、属性特征基础上设计合理的相似性度量函数，探测目标间的形态差异、尺度表达差异、属性差异以及在此基础上构建的综合差异度量值，然后基于目标匹配提取增量信息。

增量信息提取是基于不同时间版本、不同尺度表达的两套数据的比较，发现其间的差别从而提取现势性强的变化部分信息，完成该过程需要在几何、语义特征的相似性比较上进行数据匹配发现变化信息。涉及三个问题：

空间数据相似性比较、空间数据匹配、变化发现与增量信息提取。通过以下三个技术过程来解决这些问题。

一是设计空间数据相似性度量模型，该模型能综合考察空间数据的位置相似性、形状相似性、语义相似性、拓扑相似性和方位相似性等因子，为空间数据匹配提供支持。

二是设计面向增量信息提取的空间目标匹配模型与方法，基于两套数据间的1∶1、n∶1、n∶m匹配关系，以及在几何特征、语义特征上的不同映射表现，实现同尺度下目标匹配和跨尺度目标匹配两种不同类型设计各自的增量信息提取模型。

三是针对典型地理国情要素，如土地利用、居民地、道路、水系等，设计各自的匹配模型，分别实现地理目标实体本身变化增量信息提取，和上下文变化扩展产生的增量信息提取。

四 结论

随着首次地理国情普查数据库的建设完成，地理国情普查工作的重心开始转入统计分析和信息服务应用阶段，如何充分利用地理国情普查成果，促进成果在自然资源管理、国土空间规划、农业现代化建设、生态文明评价考核等方面得以应用，是当前地理国情普查工作的重点。顾及不同级别行政部门管理、不同层次行业部门应用、不同详略信息数据提取，在横向上构建"一张图"工程基础上，进一步构建纵向上的"金字塔"结构，对地理国情普查成果的广泛推广应用很有必要。构建该"金字塔"结构涉及众源大数据处理、地图综合与尺度变换、多级瓦片地图架构、跨层次多级联动更新等技术的应用。

构建该金字塔结构依据尺度变换原理方法，针对地理国情数据特征以及制图区域的要求，对数据进行简化、概括和抽象，有其自身的独特性。空间分布上不同尺度数据要保持全覆盖、无重叠及无缝隙；区域特征上要顾及不同国土功能区划分、自然人文地理环境空间异质性、不同用地类型的面积平

衡等要求；几何特征上要保持地表覆盖各类图斑、线状地物、零星地物等要素自身的拓扑一致性以及要素间的拓扑一致性。

参考文献

艾廷华：《大数据驱动下的地图学发展》，《测绘地理信息》2016 年第 2 期。

陈俊勇：《地理国情监测的学习札记》，《测绘学报》2012 年第 5 期。

程鹏飞、刘纪平、翟亮：《聚焦自然资源管理，实现地理国情监测新跨越》，《中国测绘》2018 年第 3 期。

李德仁、丁霖、邵振峰：《关于地理国情监测若干问题的思考》，《武汉大学学报》（信息科学版）2016 年第 2 期。

晏雄锋、艾廷华、张翔、杨伟：《空间数据连续尺度表达的矢量金字塔模型》，《武汉大学学报》（信息科学版），2018 年第 4 期。

B.18
大数据支撑下的地理设计发展与应用

张 远 金贤锋*

摘 要： 本文介绍了地理设计所需要的静态和动态两类大数据的主要
内容以及两类数据的融合；指出大数据在地理设计中的应用
主要体现在数据、方法和应用平台三方面的优势；介绍了静
态、动态以及二者融合的大数据在地理设计中的应用案例；
最后提出促进基于大数据开展地理设计的三条建议。

关键词： 地理设计 大数据 静态数据 动态数据 地理国情监测

党的十九大报告提出中国特色社会主义进入了新时代，新时代面临发展
不平衡不充分、发展质量和效益还不高的挑战，群众在就业、教育、医疗、
居住、养老等方面依然面临不少难题。而随着社会经济活动日益丰富、数据
采集设备更为多样、数据分析研究方法发展更快，大数据的产生和使用都迎
来了新的格局，大数据为应对人民日益增长的美好生活需求，提供了数据基
础与研究方法支撑，以解决高质量发展中面临的复杂性、多领域、综合性问
题。《重庆市大数据行动计划》要求，"坚持'公共服务示范为引领、主要行
业应用为驱动'的推广策略，促进大数据技术在民生服务、城市管理等领域
的示范应用"。《关于印发进一步促进大数据发展工作方案（2016～2018 年）
的通知》（渝府办发〔2016〕82 号）要求，"形成对政务数据和行业数据的深

---

* 张远，重庆市规划局副局长，正高级工程师；金贤锋，重庆市地理信息中心，博士，正高级
工程师。

度挖掘与融合分析能力，实现大数据服务支撑体系科学化运作，围绕重点民生领域开展应用示范，有效提升全市社会治理和公共服务的质量与效益"。

地理设计需要大数据的支撑，可以基于更为丰富的数据类型、更为多样的分析方法、面向用户的网络化应用，细致剖析社会经济运行与生态环境抚育间的空间异质性特征，进而深层次地认识、理解"人地关系"，并制订全空间、全要素的合理化协调方案。

一 地理设计需要依托静态与动态两类大数据

地理设计大数据包含静态数据与动态数据。地理设计旨在客观认识社会经济发展与自然环境间的多方发展关系，是多学科融合发展的结果，通过建立平衡、可持续的发展方案协调相互之间的矛盾。促进人民生活水平提升下，需要多方发展关系的协调，不仅需要大尺度、时间序列、群体性的长期趋势关系，也需要小尺度、单一时间节点、基于个体的瞬时交互关系。为应对此需求，地理设计中的大数据，是一个涵盖静态数据与动态数据两个类型的广义大数据，不仅包含传统行业部门、统计调查数据等组成的静态数据，还包含现今广泛应用的手机信令、移动出行等动态数据。

（一）静态数据

主要指来源于政务部门、行业部门的统计数据，以及包括地理国情普查、监测在内的专项调查数据，如 GDP、人口、地形地貌、地表覆盖。这类数据来源稳定、采样机制明确、具有较高的权威性与可信度，更新周期较长，一般以年为单位。能有效降低偶然性误差对整体研究结果的影响，用于研究发展一般规律与趋势具有显著优势。例如，城市扩展模拟、人口发展预测等趋势性或规律性的分析，需要在一个较长的时间背景与较大的空间尺度上来开展研究。这类研究忽略了因偶然性事件引起的数据突变，能准确识别发展方向与战略方向的宏观性问题。其研究成果对个体问题关注不足，存在趋势性正确，但局部考虑缺失的风险。

（二）动态数据

主要指通过移动设备、网络信息、Wi-Fi 监测、视频监控设备、物联网等途径获得的数据，如手机信令、公交、出租车数据等。这些数据来源广泛、数据量大、类型多样，根据不同的数据来源，其数据采集机制、方式等均有较大差异。同时，动态通常面临采样不全等问题，使得数据权威性与可信度需作一定的评估。但采集更新频度较高、周期较短，多为实时数据，在研究城市运行以及个体特征中具有突出优势。例如，人口职住分离、交通拥堵监测等，其研究对象多针对单一个体，以单一时点开展数据记录，反映市民的动态行为特征。这类研究关注个体与细节特征，能有效识别发展中涌现的各类新问题。其研究因数据体量过大等限制，往往难以对长期趋势性问题开展研究，存在难以掌握全局性特征的不足。

（三）静态数据与动态数据的融合

静态与动态两类数据在数据采集机制、形成方式、数据类型、更新周期等方面均具有较大的差异性。二者的融合涉及应用融合与数据融合两方面。应用融合是根据各自研究不同问题的特点，促进地理设计在趋势规律性问题以及动态行为特征两个方面的应用，支持发展需求。数据融合是在数据库建设阶段，以同一地理信息框架开展数据层面的整合以及耦合，实现静态与动态数据的交互查询与调用。

二 大数据在地理设计中的应用思路

大数据在地理设计中的应用，主要是发挥其在数据、方法、应用平台三个方面的优势，提升地理设计在社会经济发展中的服务能力。

（一）数据促进研究对象扩展

地理设计大数据包含的数据类型更多、覆盖领域更广、数据灵敏度与精度更高，可从多维度开展空间发展规律识别，深入机制层面认识、解析与开展趋势判断，进而制订更为合理的设计方案。在大数据支撑下，地理设计可以在两方面拓展研究对象。一是城市运行特征。城市运行特征是开展高品质生活建设的基础，涉及人口、交通、产业分布等复杂内容。在手机信令数据等出行数据中，可以获得真实情形下的城市人口分布、跨区域移动、交通拥堵、出行与聚集热点、商业覆盖范围等信息，进而作为设施服务能力评估、城市运行监测等的依据，指导城市治理等工作的高效开展。二是市民意愿与公众参与。城市建设需要回归"以人为本"，而广泛的公众意见收集与参与渠道建立，能高效梳理城市高品质生活建设的焦点。借助网络开展覆盖面广、低成本的公众意见收集，可以对城市环境、城市拥堵等各类城市运行中出现的问题进行实时监控，通过数据分析提炼公众对城市发展的意愿。同时形成市民大众参与城市运行与管理的有效途径，构建更为广泛的公众参与机制。

（二）丰富分析研究方法

高频度、大体量的数据，对分析方法的发展也带来了新的需求，这些需求主要包括两方面。一是新的数据分析方法研发与应用。主要针对大数据发展中出现的新类型数据，建立价值挖掘途径，如自然语义分析、网络数据爬取、地址地名匹配、人脸识别、基于视频解析的街景分析等，为公众意见收集与分析、跨网数据整合与分析、视频流数据价值提取提供了方法。二是用新方法优化传统问题研究。回归分析、贝叶斯分析、支持向量机、卷积神经网络、决策树、机器学习等方法在传统领域的应用，能够支持更为复杂关系的研究，提升分析工作效率，尤其对遥感数据、地表覆盖等大数据量分析评估工作的优化效果明显。

（三）网络平台应用开发

庞大的数据量以及复杂的数据计算，直接带来了计算机性能需求的飙升，如云计算、分布式计算、计算集群、超算服务等的发展应需而生。为适应这种计算架构的设计，需要开展网络平台建设，使之独立于数据存储与计算的服务器，为用户提供一个轻量化的使用终端与服务端口。地理设计网络平台应用开发，关键在于整合数据调用与模型应用。平台为用户所提供服务的核心价值在于两部分，借助测绘部门多年积累的庞大数据体系为全领域数据价值挖掘与数据服务提供根本保障，为构建多学科分析模型体系提供丰富的数据挖掘途径。数据与模型的整合，提供了各种数据"食材"以及模型"器具"，为用户根据自己的"口味"需求制作各色分析"菜肴"提供了保障。此平台由于在分析模型基础上，同时提供了全领域数据支撑，使其较其他行业缺乏数据基础的平台具有更大的应用与发展空间。此外，地理设计网络平台的建设，需要融入更为直观的可视化表现方式，如核密度图、三维立方图等的使用，提升分析成果的可利用性。结果表达的直观化，是大众化使用、全行业利用的基础。

三 地理设计大数据应用案例

地理设计大数据，从数据形态上包含静态数据与动态数据两大类，虽然二者的融合能深层次从机制层面认识社会经济运行与环境、设施等的关系，进而制订高品质生活建设的设计方案，同时也应认识到，其各自独立开来依然能在相关优势领域支持发展策略制定等。在此，使用基于静态数据、动态数据以及二者融合的三种数据形态应用案例，表达应使用最小体量数据以应对不同问题的分析需求，需避免分析中数据的扩大化与冗余使用。就如城市公安系统设置的视频监控，每天产生大量数据，被使用的往往都是出现突发事件时的视频信息。

（一）静态数据应用案例

静态数据的应用主要分为两个方面，一是融合不同来源的静态数据，开展全面的综合性数据分析，更为准确地认识发展需求与自然环境条件间的关系，进而支撑不同发展策略的制定。例如，高山村制定发展规划，以 DEM、

223

地表覆盖、空间管制区、文物保护单位、路网设施、人口分布、经济、生态环境条件、地质灾害等数据为基础，从产业发展条件、资源承载力、设施配套情况、生态本地等方面，全面认识山区农村发展与各类资源、自然条件间的关系，进而促进保留型与搬迁型村落的划分，以及保留型村落的发展策略制定，为精准扶贫提供智力支撑。二是以静态数据为基础，融合大数据分析方法，提升已有分析项目的工作效率，并支持新角度新焦点的识别。如以最小生成树、半变异分析、机器学习等方法，对地表覆盖数据进行特征规律梳理与空间关系建立，可以对城市发展多中心空间结构进行辨识，甚至对城市扩张后的多中心结构进行预测，为发展策略制定以及规划方案优化提供依据。

（二）动态数据应用案例

动态数据应用主要为城市运行管理策略制定提供支撑。①以道路导航拥堵数据，辅助城市交通组织与优化。抓取基于交通拥堵数据，对城区内部的交通拥堵点、拥堵程度、拥堵时间进行辨识，进而对拥堵点空间分布、形成时间、持续时间、出现的先后关系、拥堵蔓延规律等进行识别，为城市拥堵治理、交通组织优化等发展策略与建设规划的制定提供依据。②手机信令数据与众包出行数据促进城市高效运行与管理。结合手机信令与滴滴出行数据，分析热点地区人群疏散路径、网红打卡点的游客旅行路径、商圈人口辐射范围、市民深夜回家热点区域识别等问题，为城市旅游线路组织与资源串联、商务设施规划、城市安全保障等提供依据。③获得公众感知提升城市规划与建设中的市民参与度。使用网络抓取技术，从市长信箱、微博、行业部门网站等来源，获得公众意见表达，使用自然语义识别，进行公众意见的整理，得到广大市民对于城市发展各个方面的意愿，作为公众参与城市规划、建设、管理的渠道之一，支撑城市品质提升，实现高品质、高质量的城市生活。

（三）动静态数据融合应用案例

动静态数据融合，发挥各自优势，提供深化的地理分析与评估，为合理的规划设计方案制定提供支撑。在小学设施均等化研究中，使用建筑物矢量精准表征小学生的空间分布、小学地块数据表征设施分布，作为设施均等化分析的对象。使用网络抓取技术，获得基于步行时间的可达范围，表征真实条件下的小学服务边界。结合手机信令数据、人口统计数据，基于建筑物楼栋信息开展人口空间拟合，并评估小学生数，作为小学设施需求总量。结合教委管理信息，获得各学校的学位数量信息，作为小学设施供应总量。融合动静态数据开展以上四方面研究，可以对服务范围内的小学承载力进行评估，分析小学空间分布合理性以及承载力是否充足，进而从空间布局与学校容量两方面为设施均等化规划与建设提供建议。

四 有关建议

（一）地理国情监测应持续开展动态监测

为解决发展的不平衡不充分问题，满足人民日益增长的美好生活需要，在行业部门静态数据以外，需要充分利用新兴的各类动态数据，支撑更为广泛的公民意见收集、城市运行特征识别、公共设施服务质量与承载力考量等研究工作的开展。当前地理国情监测通过获取各类国情基本信息，通过规范化、标准化、周期性的监测工作，能为发展战略与各类规划的制定提供表征国情状态、发展趋势与特征的关键性数据，但尚缺乏公众感知等动态数据，面临数据类型涵盖不足的挑战。因此，为支撑新时代中国特色社会主义建设，地理国情监测应进一步开展动态数据监测，使地理国情监测数据更加权威，以构建形成一个全面反映我国自然资源变化、社会运行、经济发展并满足当前各类研究需要的地理国情数据库。此外，地理国情监测所纳入的动态数据，其来源应相对稳定，具有长期持续性，能记录社会经济运行的重要信息，一些变动较大、稳定性与可信度较低的动态数据则不应纳入，避免国情监测内容的无限扩大化。还需研发流程化、标准化的动态数据采集、处理与建库技术，提升动态数据监测工作的可实施性，保障全国、省、市、县等不同层级国情监测的顺利开展。

（二）静态与动态数据融合的技术研发

静态与动态数据，从数据格式、采集机制、管理与调用形式等方面存在较大差异，是一项范围更广的多源异构数据融合工作，需关注如下方面技术的研发。①数据库组织结构设计。动态数据类型较为复杂，包含手机信令数据、Wi-Fi传感数据、自然语义文本数据等。需要从数据库组织结构上开展设计，不仅是将静态与动态数据放入一个综合性数据库中，还应保障分析评估研究中，对两类数据的高效调用以及交叉查询。②基于同一空间体系的数据融合。我们采集的数据中超过80%是空间数据，因此，空间位置成为静态与动态数据间的天然耦合点。发挥地理空间信息的数据框架功能，以位置信息作为基准，研发数据融合中的空间离散、空间匹配等技术，实现动态与静态数据在同一空间体系间的融合。③数据属性信息交互。静态数据与动态数据融合的深层次价值在于两类数据属性信息的交互，支持交叉查询、比对与分析。在这一进程中，需要研究不同频度、不同精度、不同格式的数据属性交互规则与映射关系，构建相互关联的数据调用技术，真正实现静态与动态数据的融合。

（三）探索深挖大数据价值的研究方法

静态与动态数据融合形成的大数据，提供了全面认识、分析"人地关系"的数据条件，能够促进深层次支持社会经济发展的规划设计方案制定。两类数据融合以后，产生更为复杂的数据关联与交互关系，需要重视如下方面的大数据研究方法构建，以深入开展数据价值挖掘。一是跨频度的时序研究方法。静态与动态数据，在数据采集频度、更新周期上差异较大，探索基于大数据的跨频度数据分析方法，能够在时间序列上发挥两类数据的优势，同时从不同周期节点认识事物变化的趋势与节点特征。二是融合多尺度的数据分析方法。静态与动态数据，同时提供了下至个体上至区域的多尺度数据。研究不同尺度数据融合后的分析方法，能够兼顾同一问题在不同尺度上的特征与表现，支持指导性更强的发展策略制定。重点解决基于单一尺度数据的分析成果，通过尺度上推或下推，而在不同尺度开展成果应用形成的误差。三是探索基于大数据的机器学习分析方法。静态与动态数据融合的大数据，提供了跨尺度、跨周期、多领域的数据基础，构建了全面、深入认识社会经济发展规律与特征的数据条件。通过探索基于大数据的机器学习分析方法，可以提供更为丰富的方法，以识别"人地关系"发展规律、支持机制层面的发展与协调，进而支撑智能化地理设计的发展，为人与自然和谐共处提供动态评估与高效协调的发展策略。

（四）基于大数据开展地理设计是测绘地理信息行业转型升级的机遇

我国测绘地理信息行业总体发展欣欣向荣，自身的科技手段、成果的科技含量不断得到提升，服务的领域持续得到扩展，从辅助政府宏观决策、资源管控，到出行问路等便民服务，大有全覆盖的势头。也正因为测绘地理信息注入的新科技，才有今天大好的发展需求。但是反过来讲，这一行业也吸引了越来越多业外资本、企业的关注，如果测绘地理信息行业自身不能持续提升，新的机会可能与我无缘，已有的领域也可能被挤压。当今社会不进则退，基于大数据开展地理设计是测绘地理信息行业转型升级的机遇，有条件的地区、企业、事业单位可以积极探索尝试。

❖ 皮书起源 ❖

"皮书"起源于十七、十八世纪的英国,主要指官方或社会组织正式发表的重要文件或报告,多以"白皮书"命名。在中国,"皮书"这一概念被社会广泛接受,并被成功运作、发展成为一种全新的出版形态,则源于中国社会科学院社会科学文献出版社。

❖ 皮书定义 ❖

皮书是对中国与世界发展状况和热点问题进行年度监测,以专业的角度、专家的视野和实证研究方法,针对某一领域或区域现状与发展态势展开分析和预测,具备原创性、实证性、专业性、连续性、前沿性、时效性等特点的公开出版物,由一系列权威研究报告组成。

❖ 皮书作者 ❖

皮书系列的作者以中国社会科学院、著名高校、地方社会科学院的研究人员为主,多为国内一流研究机构的权威专家学者,他们的看法和观点代表了学界对中国与世界的现实和未来最高水平的解读与分析。

❖ 皮书荣誉 ❖

皮书系列已成为社会科学文献出版社的著名图书品牌和中国社会科学院的知名学术品牌。2016年,皮书系列正式列入"十三五"国家重点出版规划项目;2013~2018年,重点皮书列入中国社会科学院承担的国家哲学社会科学创新工程项目;2018年,59种院外皮书使用"中国社会科学院创新工程学术出版项目"标识。

中国皮书网

（网址：www.pishu.cn）

发布皮书研创资讯，传播皮书精彩内容
引领皮书出版潮流，打造皮书服务平台

栏目设置

关于皮书：何谓皮书、皮书分类、皮书大事记、皮书荣誉、
皮书出版第一人、皮书编辑部

最新资讯：通知公告、新闻动态、媒体聚焦、网站专题、视频直播、下载专区

皮书研创：皮书规范、皮书选题、皮书出版、皮书研究、研创团队

皮书评奖评价：指标体系、皮书评价、皮书评奖

互动专区：皮书说、社科数托邦、皮书微博、留言板

所获荣誉

2008 年、2011 年，中国皮书网均在全
国新闻出版业网站荣誉评选中获得"最具
商业价值网站"称号；

2012 年，获得"出版业网站百强"称号。

网库合一

2014 年，中国皮书网与皮书数据库端
口合一，实现资源共享。

权威报告·一手数据·特色资源

皮书数据库
ANNUAL REPORT(YEARBOOK) DATABASE

当代中国经济与社会发展高端智库平台

所获荣誉

- 2016年，入选"'十三五'国家重点电子出版物出版规划骨干工程"
- 2015年，荣获"搜索中国正能量 点赞2015""创新中国科技创新奖"
- 2013年，荣获"中国出版政府奖·网络出版物奖"提名奖
- 连续多年荣获中国数字出版博览会"数字出版·优秀品牌"奖

成为会员

通过网址www.pishu.com.cn访问皮书数据库网站或下载皮书数据库APP，进行手机号码验证或邮箱验证即可成为皮书数据库会员。

会员福利

- 使用手机号码首次注册的会员，账号自动充值100元体验金，可直接购买和查看数据库内容（仅限PC端）。
- 已注册用户购书后可免费获赠100元皮书数据库充值卡。刮开充值卡涂层获取充值密码，登录并进入"会员中心"—"在线充值"—"充值卡充值"，充值成功后即可购买和查看数据库内容（仅限PC端）。
- 会员福利最终解释权归社会科学文献出版社所有。

社会科学文献出版社 皮书系列
SOCIAL SCIENCES ACADEMIC PRESS (CHINA)

卡号：**774149157272**
密码：

数据库服务热线：400-008-6695
数据库服务QQ：2475522410
数据库服务邮箱：database@ssap.cn
图书销售热线：010-59367070/7028
图书服务QQ：1265056568
图书服务邮箱：duzhe@ssap.cn

基本子库
SUB DATABASE

中国社会发展数据库（下设 12 个子库）

全面整合国内外中国社会发展研究成果，汇聚独家统计数据、深度分析报告，涉及社会、人口、政治、教育、法律等 12 个领域，为了解中国社会发展动态、跟踪社会核心热点、分析社会发展趋势提供一站式资源搜索和数据分析与挖掘服务。

中国经济发展数据库（下设 12 个子库）

基于"皮书系列"中涉及中国经济发展的研究资料构建，内容涵盖宏观经济、农业经济、工业经济、产业经济等 12 个重点经济领域，为实时掌控经济运行态势、把握经济发展规律、洞察经济形势、进行经济决策提供参考和依据。

中国行业发展数据库（下设 17 个子库）

以中国国民经济行业分类为依据，覆盖金融业、旅游、医疗卫生、交通运输、能源矿产等 100 多个行业，跟踪分析国民经济相关行业市场运行状况和政策导向，汇集行业发展前沿资讯，为投资、从业及各种经济决策提供理论基础和实践指导。

中国区域发展数据库（下设 6 个子库）

对中国特定区域内的经济、社会、文化等领域现状与发展情况进行深度分析和预测，研究层级至县及县以下行政区，涉及地区、区域经济体、城市、农村等不同维度。为地方经济社会宏观态势研究、发展经验研究、案例分析提供数据服务。

中国文化传媒数据库（下设 18 个子库）

汇聚文化传媒领域专家观点、热点资讯，梳理国内外中国文化发展相关学术研究成果、一手统计数据，涵盖文化产业、新闻传播、电影娱乐、文学艺术、群众文化等 18 个重点研究领域。为文化传媒研究提供相关数据、研究报告和综合分析服务。

世界经济与国际关系数据库（下设 6 个子库）

立足"皮书系列"世界经济、国际关系相关学术资源，整合世界经济、国际政治、世界文化与科技、全球性问题、国际组织与国际法、区域研究 6 大领域研究成果，为世界经济与国际关系研究提供全方位数据分析，为决策和形势研判提供参考。

法律声明